中国金融四十人论坛

CHINA FINANCE 40 FORUM

致力于夯实中国金融学术基础，探究金融领域前沿课题，引领金融理念突破与创新，推动中国金融改革与发展。

中国金融四十人论坛书系
CHINA FINANCE 40 FORUM BOOKS

RMB: FROM MARKETIZATION
TO
INTERNATIONALIZATION

# 人民币
# 从市场化走向国际化

金中夏　赵　岳　王浩斌◎著

中国金融出版社

责任编辑：张　铁
责任校对：李俊英
责任印制：张也男

**图书在版编目（CIP）数据**

人民币：从市场化走向国际化/金中夏等著．—北京：中国
金融出版社，2021.3
（中国金融四十人论坛书系）
ISBN 978 - 7 - 5220 - 1038 - 0

Ⅰ．①人…　Ⅱ．①金…　Ⅲ．①人民币—经济市场化—研究
②人民币—金融国际化—研究　Ⅳ．①F822

中国版本图书馆 CIP 数据核字（2021）第 033945 号

人民币：从市场化走向国际化
RENMINBI：CONG SHICHANGHUA ZOUXIANG GUOJIHUA

出版
发行　中国金融出版社

社址　北京市丰台区益泽路 2 号
市场开发部　（010)66024766，63805472，63439533（传真）
网 上 书 店　www.cfph.cn
　　　　　　　（010)66024766，63372837（传真）
读者服务部　（010)66070833，62568380
邮编　100071
经销　新华书店
印刷　保利达印务有限公司
尺寸　170 毫米×230 毫米
印张　15
字数　130 千
版次　2021 年 4 月第 1 版
印次　2021 年 4 月第 1 次印刷
定价　50.00 元
ISBN 978 - 7 - 5220 - 1038 - 0
如出现印装错误本社负责调换　联系电话（010）63263947

# 中国金融四十人论坛书系
## CHINA FINANCE 40 FORUM BOOKS

"中国金融四十人论坛书系"专注于宏观经济和金融领域，着力金融政策研究，力图引领金融理念突破与创新，打造高端、权威、兼具学术品质与政策价值的智库书系品牌。

中国金融四十人论坛是中国最具影响力的非官方、非营利性金融专业智库平台，专注于经济金融领域的政策研究与交流。论坛正式成员由40位40岁上下的金融精锐组成。论坛致力于以前瞻视野和探索精神，夯实中国金融学术基础，研究金融领域前沿课题，推动中国金融业改革与发展。

自2009年以来，"中国金融四十人论坛书系"及旗下"新金融书系""浦山书系"已出版100余本专著。凭借深入、严谨、前沿的研究成果，该书系在金融业内积累了良好口碑，并形成了广泛的影响力。

# 序　一

　　一个国家的货币制度和汇率制度的选择事关重大且影响深远。这种选择涉及的因素很多，但至少应包括以下几点：一是要考虑现有的国际货币体系的性质；二是要考虑本国在世界经济中的地位和发展战略；三是要考虑本国宏观经济管理能力和金融市场的发展程度。

　　从1949年新中国成立以来，特别是改革开放四十多年来，我国与人民币及其汇率相关的制度和政策框架经历了一个不断探索、演变和发展的过程。总的来看，我国货币政策和汇率制度的选择是成功的。首先，我们基本上将通货膨胀控制在一个较低的水平，支持了我国从计划经济向市场经济的平稳过渡，没有发生大的系统性危机；其次，人民币汇率大体实现了有管理的浮动，极大地支持了我国从封闭经济向开放经济的转变，人民币的国际地位明显提高。

　　随着国内外形势的发展，我国又面临着新挑战和急需解决

1

的新问题，经济理论工作者和政策实践者责任重大。有必要以更加宽广深远的国际和历史视角、以科学的态度和方法，对下一阶段的人民币发展战略作出前瞻性研究。既要看到我们所取得的巨大成就，又要客观回顾和总结过去和现实工作中所做选择的利弊得失，发现进一步改进和发展的巨大潜力，从而为我国应对更加严峻的挑战找到可行的出路和解决办法。从这个角度来看，金中夏等三位作者对人民币汇率政策的历史性回顾和前瞻性研究是很宝贵和及时的探索与努力。

北京大学光华管理学院名誉院长

# 序　二

　　屈指算来，我和中夏一起共事已 30 余载。虽然有些不拘小节的书生气，但中夏酷爱研究的名声可谓享誉央行内外，而且其醉心的研究领域包罗万象，既有秋天的夜空，也有北美印第安人的历史，甚至褐鹈鹕捕鱼的美妙姿态。当然，他最拿手的还是结合经典理论的发展与本职工作的需要而展开的经济金融研究，这一点已为他在效力人民银行国际司、货政司和金融研究所期间所取得的大量研究成果所证实。这不，即便身处新冠肺炎疫情的重灾区——美国，即便是在驻国际货币基金组织中国执行董事这样繁忙的工作岗位上，2020 年中夏仍然给我们带来了他和两位国际货币基金组织同事的最新研究成果——《人民币：从市场化走向国际化》。在我看来，这部专著以客观、坦诚、严谨的态度梳理和总结了汇率政策选择的国际经验以及我国过往三次汇率调整过程中的政策得失，并在认真研判当下中国经济所面临挑战的基础上提出了未来政策应对的建议，尤其是发展外汇衍生品市场和进一步推动人民币国际化的重要性。书中的许多观点都极具现实意义，应予充分肯定和重视。

## 一、更加灵活的汇率制度是绝大多数国家尤其是中国这类大型经济体的必然选择

汇率制度的选择应当根据各国的实际情况进行利弊权衡。国际比较和中国实际表明，在既有国际货币体系下，刚性的汇率制度虽有助于稳定通胀预期及经济增长，但同时也会限制宏观政策的选择，加大面对危机的脆弱性，并限制经济的自我调节能力。而灵活的汇率制度则能够以较小的成本，及时应对各类外部冲击，发挥缓冲和减震作用，同时为货币政策更好地服务于国内经济释放出更大的空间。2008 年国际金融危机爆发时，我国正处于国际收支双顺差和外汇储备上升阶段，彼时还有条件将汇率稳定在一定水平上。当前我国国际收支从明显双顺差转向大体平衡，经常项目的提升步入平稳期，外汇干预的资源明显受限。预计当疫后全球生产恢复时，2020 年这种受益于全球周期的出口强劲增长和市场份额的大幅提升很难再持续，因此需要外汇储备保持稳定并发挥压舱石作用，叠加目前虽处弱周期的美元未来出现阶段性反弹的动力加大，我们更应

多发挥汇率的价格调节作用。尤其是为了有效应对中美关系复杂化和新冠肺炎疫情影响长期化的双重挑战，除了要稳定国内经济、扩大对外开放，更需要增强人民币汇率弹性，有效吸收外部冲击，充分发挥汇率对国际收支的调节作用。外汇干预固然可以减缓名义汇率的波动，却不能阻止实际汇率通过国内物价、实际利率以及资产价格变动的方式来自行调整，从而加剧通缩效应和系统性金融风险，而政府为此采取的救市措施、经济刺激也会大大增加财政压力和债务负担。如此沉重的宏观经济代价是转向高质量发展的中国经济所不能承受的。

## 二、汇率水平应由市场调节，汇率浮动的风险要靠市场化手段去管理

汇率的正常波动是一个常态现象。更加灵活的汇率制度确实可以对国际收支不断出现的失衡问题进行实时调整，这在资本账户开放后尤为重要。但不可否认的是，汇率自由浮动也会造成一些不确定性，进而带来风险，只是绝大多数风险都可以通过市场机制进行管理。宏观经济治理比较成熟的经济体往往可以实现汇率灵活性和稳定性的统一，既有市场调节下的灵活，也有灵活基础上的动态稳定。也就是说，可以通过建立完善的外汇衍生品市场，把汇率波动对经济金融稳定造成的风险

3

降至最低。这里的核心要点在于，全社会都应该突破"超调恐惧"，树立起汇率由市场调节、汇率浮动的风险要靠市场化手段来管理的理念，这一理念的建立对未来人民币汇率形成机制改革的深化和人民币汇率实现清洁浮动有着至关重要的作用。

这一理念在人民币汇率所经历的三次调整和三次危机中也得到了最好的验证。从 1994 年开始，人民币汇率形成机制总体朝着更加市场化的方向在演变，但汇改的进程和节奏也曾因为 1997 年的亚洲金融危机、2008 年的国际金融危机以及 2020 年初暴发的新冠肺炎疫情被打断。尤其在前两次危机期间，外汇市场的干预和外汇管制的加强，都一度使人民币汇率丧失了调节国际收支和宏观经济的功能，加剧了危机的通缩效应，导致高杠杆等债务危机的出现，这些教训必须牢记在心。值得称道的是，在 2020 年初暴发的新冠肺炎疫情期间，中国人民银行延续了自 2016 年底以来的不再对外汇市场进行常态化干预的做法。特别是 2019 年 8 月 5 日在岸、离岸人民币兑美元即期汇率双双"破7"，意味着我们开始通过汇率的灵活调整来作为吸收外部冲击的减震器，以此缓解国际经济金融形势变化以及全球疫情等对我国外贸和跨境资本流动带来的冲击。

选择浮动汇率就意味着当美元流动性变化时，应当允许人民币汇率自动作出相应的反应，由此带来的影响则需要靠国内的货币政策、利率政策作出更加及时有效的调整。而坚持以规则为基础，意味着规则可以由专家来制定，但日常汇率水平的决定应当交给市场，均衡汇率不能主观设定，政府的作用在于建设和管理好市场。中夏在书中列举的 26 个经济体的经验也充分显示，成功的浮动汇率制度要求我们必须坚持以规则为基础、高度自律的宏微观经济管理，这意味着除了稳健的财政政策和货币政策，完善的跨境资本流动的宏观审慎管理框架与有着足够深度和广度的外汇市场及发达的衍生品市场也都是不可或缺的。一方面，要坚持以公开透明市场化的手段进行逆周期调节跨境资本流动，保持跨境的资本稳定；另一方面，要加快发展在价格发现、流动性供给以及对投机行为的及时监测和管理等方面有着重要作用的外汇衍生品市场，尤其是要创造条件从受行政主导的实需监管原则尽快转向现代化的市场导向的风险管理方法，这样才能既满足各种规模的市场主体的风险对冲需求，也有助于降低即期市场的汇率波动，发挥稳定器作用。

## 三、人民币国际化可以助力解决汇率稳定和浮动的矛盾

一定程度上，人民币国际化也是解决汇率稳定和浮动矛盾的思路之一。人民币国际化不是一个可以牺牲的次要目标，而是事关我们能否有效应对外部冲击、避免被迫闭关锁国的国家

金融安全问题。

众所周知，汇率稳定与浮动的矛盾是外向型经济发展到一定阶段时多重因素的集中体现。随着外向型经济体劳动生产率的快速提高，经济开放度不断扩大，贸易品部门在国际经济中的地位不断提升，外部再平衡成为这类经济体必须面对的重要问题，而实现外部再平衡的核心变量显然只能是汇率。从促进进出口和吸引外资的角度看，汇率无疑应尽可能保持稳定；但汇率的长期稳定也会导致企业汇率风险意识淡薄，对汇率浮动的适应能力越来越差。随着经济发展，汇率稳定和浮动的矛盾会越来越大，政府虽然有意愿稳定汇率，但越来越超出其能力范围。化解上述外向型经济体发展模式的矛盾确有很多途径，比如经济发展模式由外需驱动向内需驱动转型，不再依赖外需，汇率稳定和浮动的矛盾也会下降。但对于中国这样的大国，人民币国际化应该是更为可行和有效的思路。随着人民币在跨境贸易和投资中自由使用的范围不断扩大，并逐步成为储备货币，市场对人民币的信心将不断增强，国际收支问题自然也会得到化解。而且，人民币如果成为国际储备货币，则意味着人民币会有一个发达的离岸市场，届时，在岸市场将不能完全决定人民币汇率，因此人民币汇率实现清洁浮动将是必然结果。

当然也有人担心，人民币国际化是否会加大跨境资本流动，进而增加保持人民币汇率稳定的难度？实际上，汇率市场化与货币国际化存在相互促进的关系。一方面，当一国货币成为国际货币后，其交易成本的降低会使得该国国际资本流动变得更加顺畅，而国际收支中本币的占比较高，也会降低汇率风险对经济主体资产负债表的影响。特别是当国际汇市出现动荡时，国际化的货币有助于货币发行国避免出现过度恐慌性、投机性的资本流动。从长期来看，人民币作为国际资产和贸易的计价货币，其广泛使用有助于降低人民币汇率波动对国内市场稳定产生的潜在影响。另一方面，人民币的日益国际化将对我国产生非常积极正面的影响。汇率市场化更有利于发挥汇率的安全阀作用，增强经济应对外部冲击的弹性，提高境外主体对人民币的接受意愿，为人民币国际化提供新的机遇。若此，提高人民币汇率市场化的程度既水到渠成，也势在必行。

**四、人民币国际化应与利率和汇率的市场化、资本项目可兑换等重大改革协同推进**

推动资本项目可兑换是我国建立高水平开放经济新体制的重要内容，也是我们一直努力的方向。尽管西方经典理论一直认为资本项目可兑换应当在汇率实现自由浮动之后实现，即资本项目可兑换是一个国家市场化改革的最后一步。但实际上，在资本项目管制的情况下，汇率不可能真正市场化，也不可能发现真正的均衡汇率。当然，资本项目实现可兑换以后，自由浮动的汇率未必就是收敛的，也未必就能保证我国货币政策的独立性。因此资本项目可兑换不应该机械地遵循所谓的先后顺序，完全可以采取边际开放的策略，就像我国之前进行的很多重大改革一样——摸着石头过河。至于人民币国际化，它是由市场驱动的，取决于市场的选择，我们也不应当为加快人民币国际化的进程而刻意加快资本项目可兑换的速度。

近年来，人民币国际化已经取得了很大进展，这既与政策和金融界的大力推进有着密切关系，客观上也与美国最近若干年比较倚重金融制裁不无关系。金融制裁的加剧，在一定程度上会影响美元作为国际储备货币和国际支付货币的作用，削弱美元和重要公共产品的紧密联系，降低许多经济体对美元储备和以美元为基础的交易的依赖。一方面，大家会抱怨制裁是否公平；另一方面，制裁会对交易产生一定的制约。从储备货币的角度讲，最重要的因素还是多元化，正所谓鸡蛋不能放在一个篮子里，因此国际上必然会有许多经济体开始考虑储备包括人民币在内的货币。回顾人民币国际化的历程，人民币跨境使用最初是市场自发驱动的，但人民币国际化从初具雏形到迅猛发展，与我们持续推进对外开放是分不开的，目前我国的资本项目整体可兑换程度距离人民币国际化的需要仍有不小的差距。诚然，人民币国际化不可能直线前进，有机会时我们可以快点走，机会不多时不妨慢下来边走边观察。但从长远来看，人民币国际化是市场参与者的选择，因此不仅前景可期，我们还要学会有所取舍，最重要的是持之以恒，有些事需要坚持做很多年才会有结果。就人民币国际化而言，如果我们把一些制度性安排当作调控性工具或者是变来变去、缺乏一致性的临时性政策，那市场可能就不会有太多兴趣。换言之，从宏观功能和微观职能应当相对分离的思路出发，未来跨境资本流动微观管理框架不应再承担国际收支平衡的宏观调控功能，而应专注于如何为市场提供稳定的政策环境，提高政策的透明度和可信度。若此，人民币国际化的步伐有望继续加快。

## 五、应从国际货币体系改革的题中应有之义和新发展格局下支持国内和国际两个循环无缝衔接的大视角来认识人民币国际化的重要意义

理论上讲，国际储备货币的币值必须有稳定的基准和明确的发行规则以保证供给的有序，并可根据需求变化及时灵活地增减调节供给总量，且这种调节必须超脱于任何一国的经济状况和利益。为了寻找能够保持全球金融稳定、促进世界经济发展的国际储备货币，人类历史上曾经尝试过银本位、金本位、

金汇兑本位、布雷顿森林体系等不同制度安排，但都未能解决问题，主要原因在于储备货币发行国无法在为世界提供流动性的同时确保币值的稳定。储备货币发行国的国内货币政策目标与各国对储备货币的要求经常产生矛盾，其既可能因抑制本国通胀的需要而无法充分满足全球经济不断增长的流动性需求，也可能因过分刺激国内需求而导致全球流动性泛滥。从布雷顿森林体系解体后金融危机屡屡发生且愈演愈烈的情况来看，全世界为现行货币体系的内在缺陷所付出的代价可能已远远超出得到的收益。危机未必是储备货币发行当局的故意，但却是制度性缺陷的必然。鉴于此，我们必须创造性地改革和完善现行国际货币体系，推动国际储备货币向着币值稳定、供应有序、总量可调的方向完善，这样才能从根本上维护全球经济金融稳定。

在推动国际货币体系改革的进程中，必须积极稳妥地推进人民币的国际化，因为这事关我们能否有效应对外部冲击、避免被迫闭关锁国的国家金融安全问题。特朗普政府上台后，美国之前长期存在的通过经常项目逆差输出美元流动性、资本项目顺差完成美元流动性回流的全球美元循环机制出现了一些变化，不排除这些变化在拜登政府上台后加大美国对国际市场美元供给收缩的概率，从而加剧整个国际货币体系的紧张状态，产生使用其他国际货币替代美元的愿望。国际市场上美元流动性的稀缺，将使人民币作为投资货币的价值进一步凸显。长期以来，我国对美元及美国主导的国际货币体系高度依赖，在面临美国发起的一系列金融制裁时疲于应对，缺乏回旋余地。只有人民币国际化，才能使我国得以依靠自己的货币，去支持本国甚至外国企业的跨国贸易与投资，从而形成自主可控、旨在服务我国市场的全球供应链，实现国内和国际两个循环的无缝衔接，从根本上消除汇率波动对实体经济的影响。人民币国际化后，人民币大规模跨境循环流动意味着我国国际收支将主要体现为人民币资金的跨境收付，这无疑将会减少币种错配风险，降低国际收支管理难度，同时减少储备增加，改善国内的宏观调控。

最后我想说的是，作为国家的一项重要战略，人民币国际化涉及面广，影响深远，既是推进下一步金融改革的重要驱动力量，本身也是改革开放的重要组成部分。从这个意义上讲，《人民币：从市场化走向国际化》既是理论层面的一次探讨，也是对既有金融实践的一次总结。我衷心希望中夏和他的同事们在此领域继续深耕，取得更加丰硕的研究成果。

清华大学五道口金融学院院长

**2021 年 2 月**

# 前　言

　　当前，世界已进入百年未有之大变局，我国面临复杂的挑战和政策抉择。中美双边关系的紧张局面从贸易摩擦发展到科技摩擦，再发展到局部的金融战，很大程度上改变了我国面临的外部环境。

　　美国抬高对华关税、施加科技封锁乃至实施局部金融制裁的做法都使我国对外贸易和投资条件恶化，我国不仅不可能再靠大规模对外贸易顺差积累外汇储备并以此支撑对外投资，而且必须针对这种外部冲击进行迅速有效的调整。

　　一些排除中国的区域性自贸协定相继形成，中国面临一个日益被主要贸易集团分割和排斥的国际市场，特别是新冠肺炎疫情进一步推动本已开始的全球供应链调整，并导致一些重要的贸易伙伴出现困难和债务危机，使我国开拓国际市场、在全球配置资源和融入世界分工体系的努力面临严峻挑战；如果任其发展恶化，中国将被迫收缩局限于本国市场的发展，无异于又一次走上了闭关锁国的死路。《区域全面经济伙伴关系协定》（RCEP）的签署是一大突破，将在区域贸易一体化的基础上，提出区域内的货币合作以及区内货币与区外货币的关系问题。

我国实体经济在走向世界的过程中必然伴随着金融市场和资本项目的逐渐开放，需要有属于自己的国际金融中心、全球金融机构网络和跨国支付体系。我国对其他国际储备货币及其主导的国际货币金融体系的高度依赖，使我们在面对国外对华金融制裁的威胁时变得十分脆弱，有被完全排除在主要储备货币支付体系之外、我国对外贸易和金融交易不得不中断的巨大风险。我国的货币金融体系支持和带动贸易与投资走向世界的能力严重不足，软肋愈发凸显。

还应看到，我国国际收支已进入基本平衡状态，随着未来我国储蓄率的逐步降低和资本市场的进一步开放，经常项目与资本项目可能进入一个国际收支动态平衡的新格局，顺差和逆差可能不规则地交替出现。我们迄今已经习惯的、以维持经常账户顺差并管住资本账户为特点的国际收支管理和调节方式是否应当调整也是一个挑战。

为了应对上述严峻挑战，中国需要以自身大规模的市场为基础、用自己的货币和生产实力开拓属于自己的国际市场份额。我国政府提出了双循环发展战略，即以内循环为主、内循环与外循环相互促进的新发展战略。这样一个新的发展战略需要我们在实践中不断体会和完善。我们认为，以内循环为主，意味着要把国内产业体系和市场体系进一步做大、做深、做强，使我国自身的发展需要成为我国一切资源配置的目的与核心。同时这个内循环必须是开放的，是与国际市场联通的，是一个与全球大循环互通有无、互相借鉴、适当分工的。内循环与外循环之间是一个以我为主、互相促进的关系。

在夯实国内大循环的基础并继续积极主动走出去开拓国际经济合作空间的过程中，要防范因外部各种经济、金融和地缘政治的冲击而带来的巨大风险。市场的反应和调整会集中通过汇率的变化体现出来。在汇率制度的选择上，是继续坚持汇率市场化改革、推动人民币从市场化走向国际化，从而支持国内和国际两个循环在本币基础上最大程度的统一？还是出于"浮动恐惧""超调恐惧"和"资本外逃恐惧"而加强对汇率的干预，暂时放弃市场化改革，从而推迟人民币国际化的进程？

本书所要阐明和强调的是，灵活汇率制度的选择、相关外汇市场的建设以及在此基础上的人民币国际化是应对严峻的外部挑战、实现双循环战略的必经之路。只有灵活的汇率体系，才能对各种外部条件的冲击和国际收支的失衡作出及时的反应，发挥减震器和缓冲器的作用；只有灵活的汇率，才能使我国避免过度使用其他国家发行的储备货币对外汇市场进行不可持续的干预，避免为了稳定汇率而施加各种外汇管制，从而避免由此引起的一系列宏观经济失衡以及贸易和资本交易的窒息；只有进一步放开外汇管制，我国才能放手发展在岸国际金融中心城市，摆脱对离岸金融中心的通道依赖，人民币才能充分借助我国超大规模市场的吸引力，在经常和资本两大账户、货物贸易和金融资产两大领域实现循环流通，被全球合作伙伴广泛接受和使用。只有人民币国际化，才能使我国依靠自己的货币，支持本国甚至外国企业的跨国贸易与投资，形成一个自主可控的全球供应链，实现国内循环和国际循环的统一。

本书第一章以跨国实证分析为基础，分析了国内外对外汇市场干预造成的宏观经济影响，并揭示其规律性。基于国际比较的实证研究表明，在现有的国际货币体系框架下，灵活的汇率制度是绝大多数国家的必然选择。持续大规模地干预汇率不仅会产生直接代价，也会付出不必要的宏观经济代价，包括对物价、实际利率及资产价格的影响。外汇干预无法遏制资本外流、不利于风险管理市场的发育，也不利于货币国际化。中国1994年、2005年、2015年三次汇率政策调整也说明均衡汇率不能主观判断，需由市场决定。

本书第二章讨论实行浮动汇率需要满足的宏观微观经济条件，并使用宏观经济脆弱性评估方法和系统性风险评估方法两套指标，对中国宏观经济稳健性进行了系统评估。从字面上解读浮动汇率容易给人以纯粹自由放任的错觉，但实际上凡是成功的浮动汇率都要求一国坚持以规则为基础的、高度自律的宏观微观经济管理,重点包括管住货币发行、管住政府债务特别是净负债、管住外债总额特别是短期外债规模。在确保宏观微观经济不出现大的失衡的基础上,应克服对汇率超调的恐惧,使汇率充分灵活地浮动。

本书第三章论述外汇衍生品市场的发展对于管理汇率风险的重要性。近年来,我国外汇衍生品市场取得了一定发展,但仍然是我国走向浮动汇率和资本市场进一步开放所面临的重要短板,场内市场也仍是空白。建立外汇期货市场有助于满足中小企业的风险对冲需求,且具有标准化、信用风险低、透明度高、利于监管等诸多优势,还可以发挥"稳定器"的作用,是现货市场及场外市场的重要补充。同时,审慎监管对于确保外汇衍生品市场的稳定性至关重要,下一步,应逐渐从实需原则过渡到以市场为主导的风险管理原则。

本书第四章探讨在浮动汇率下开放资本市场并推动人民币进一步国际化的途径。与我国经济体量相比,人民币国际化和资本市场的开放不是超前了,而是落后了。我国必须尽快创造实行浮动汇率的条件,并以此使人民币的国际化程度与实体经济发展和开放的要求相适应。在人民币可以自由浮动、进一步完善外汇衍生品市场、管住货币总量和外债总量的基础上,我国资本市场可以逐步扩大开放,并辅以一系列配套措施,包括发展和完善债券期货市场与股票期货市场、在证券资本大量流入时建立外汇平准基金等。

本书的研究表明，为人为稳住汇率而采取的干预措施看似实现了"稳定"，但却以国内宏观经济变量的扭曲为代价。越是面临外部压力的关键时刻，灵活汇率制度的优势越明显。面对严峻复杂的国际环境，汇率政策的选择很可能由一个"好坏"的问题升级为"生死"的问题。人民币走向充分浮动是我国的合理选择，也是人民币国际化和资本市场进一步开放的基础。人民币国际化不是一个可以牺牲的次要诉求，而是一个事关中国经济能否有效应对外部冲击、避免被迫闭关锁国的重大课题。

本书凝结着作者过去几十年工作中对汇率政策和人民币国际化问题的持续观察和深入思考，书中观点多受益于实际工作经历和国内外具体案例的启发。此次有机会通过系统、规范的经济学分析方法加以总结、提炼和证实，并通过与国内外很多机构和专家的反复探讨得以进一步丰富和完善，最终有了本书的问世。衷心希望本书的出版能呈现给读者观察与思考中国汇率问题和人民币国际化的一个新视角，甚或激发进一步研究的兴趣。当然，本书讨论政策，但不等于政策，仅代表作者个人学术观点，与供职单位无关，文责自负。

金中夏　赵　岳　王浩斌

2021 年 2 月

# Introduction

As the world ushers in an era of profound changes unseen in decades, the challenges and policy choices China is facing have become increasingly complicated. In recent years, tensions between China and the US have gradually escalated to a trade and technology war and, subsequently, a limited financial war, all of which have significantly reshaped the external landscape of China.

The higher tariffs, technology blockade, and financial sanctions that the US imposed on China have exacerbated China's trade and investment environment. Not only China can no longer rely on a persistent current account surplus or the sustained accumulation of foreign reserves to support external investment, but it also has to be able to adjust to all sorts of external shocks quickly and effectively.

In light of several recently formed regional trade agreements that have excluded China, the global market for China has become increasingly exclusive and segmented across major trade blocs. To make matters worse, the outbreak of the COVID-19 pandemic expedited the adjustments of the global supply chains and put many of China's key trading partners in economic and debt constraints, further obstructing China's efforts to expand its global market and assimilate into the global system of resource allocation and specialization. Without proactively rising to these challenges, China risks being forced onto an inward-and backward-looking path with closed-door policies, which leads nowhere but to a dead end. The formation of the Regional Comprehensive Economic Partnership (RCEP) and the signing of the Sino-EU investment agreement were major development against all these challenges. The two agreements have strengthened the basis for regional and interregional trade and investment integration. But they have only alleviated rather than eliminated the daunting challenges.

As the Chinese economy becomes increasingly integrated with the global economy, it will need to open up its financial market and capital account further and develop its own global financial center, a network of global financial institutions, and a cross-border payment system. China's long dependence on an international financial system dominated by a reserve currency has made it particularly susceptible to international financial sanctions, including risks of being excluded from the global payment system and being cut off from cross-border trade and financial transactions. The current monetary and financial system in China still lacks the capacity to guarantee full support for cross-border trade and investment in the face of external risks, exposing a weakness that urgently needs to be addressed.

It is also worth noting that China's balance of payment has evolved into a relatively balanced state in recent years. As China's savings rate continues to decline and its capital market continues to open up, its current account and capital accounts will likely evolve into a pattern of dynamic balance with deficits and surpluses alternating randomly. It will be a challenge to alter the old approach of maintaining current account surpluses and restricting capital account transactions.

To address these challenges, China needs to tap into its enormous domestic market base and further expand its global market share by enhancing its monetary and production capacity. The Chinese government has recently put in motion a new "dual circulation" strategy that emphasizes "internal circulation" as the core with complementary support from "external circulation."

As China strengthens its internal circulation and proactively expands the space for global economic partnership, it also needs to remain on guard against external risks that may result from economic, financial, and geopolitical conflicts. Market reactions and adjustments to external shocks will be collectively reflected in the exchange rate. In designing its exchange rate policy, should China push ahead with its foreign exchange market reform and support the integration of internal and external circulations with

RMB as the intermediate currency? Or should China intensify its intervention in the foreign exchange market while backing off from its reform efforts and delaying the internationalization of the RMB out of "fear of floating," "fear of exchange rate overshooting," and "fear of capital flight"?

This book emphasizes that a floating exchange rate regime, further development of the foreign exchange derivatives market, and the concurrent internationalization of the RMB are the only ways to navigate severe external challenges and successfully achieve the "dual circulation." Only a floating exchange rate can respond to external shocks and balance-of-payments imbalances in a timely manner and, therefore, function as a shock absorber. Only with a floating exchange rate can China avoid unsustainable intervention with reserve currencies issued by other countries as well as capital controls that would severely impair trade and capital transactions. Only with the further relaxation of foreign exchange controls can China fully develop its onshore international financial centers to facilitate the use of the RMB for both the current and capital accounts and make the RMB a widely accepted currency by global partners. Moreover, only with the internationalization of RMB can China form an independent global supply chain and use its own currency to support cross-border trade and investment.

The first chapter of this book analyzes the macroeconomic impact of foreign exchange intervention based on empirical studies that cover 26 economies. It argues why a floating exchange rate regime could be a favorable choice for most countries under the existing international monetary system. Sustained large-scale intervention in the foreign exchange market would not only incur direct costs, but would also have unintended macroeconomic consequences on domestic prices, real interest rates, and asset prices. Foreign exchange intervention would not only have little effect in curbing capital outflow, but would also impede the development of risk management market and the internationalization of the RMB. The experiences from three major exchange rate policy adjustments in China that took place in 1994, 2005, and 2015, respectively, also suggest that equilibrium exchange rates must be determined by market forces rather than subjective judgments.

The second chapter discusses the macroeconomic and microeconomic conditions that would facilitate a successful transition to a floating exchange rate. It evaluates China's macroeconomic soundness systematically using two sets of indicators: the macroeconomic vulnerability assessment and the systematic risk assessment. The term "free-floating" may be falsely associated with a loose and unregulated policy environment, but in fact any country with a successful floating exchange rate regime must adhere to a rules-based and highly self-disciplined macroeconomic management. The key to successful macroeconomic management includes disciplined money supply, sustainable public debt, and well-managed external debt. In the absence of major micro-or macroeconomic imbalances, a country should strive to overcome the "fear of floating" and make its exchange rate float.

The third chapter discusses the importance of further developing the foreign exchange (FX) derivatives market in China. Although China has made some progress in developing its FX derivatives market in recent years, with only an underdeveloped over-the-counter (OTC) market and no futures market at all, the FX derivatives market remains a weakness that is hindering the transition toward a free-floating exchange regime. Compared with the OTC market, the FX futures markets can better meet the hedging needs of small and medium-sized enterprises due to its standardized products, greater transparency, stronger supervision, lower cost and credit risk. Our empirical analysis on emerging countries also shows that FX futures can serve as a "stabilizer" and an important complement to the spot and OTC market. Prudential regulation is essential to ensuring the stability of the FX derivatives market. Near-term priorities include gradually phasing out the current requirement of underlying exposures and allowing for a more market-based approach to risk management.

The fourth chapter explores the paths toward further opening up of the capital market and further internationalization of the RMB under a floating exchange rate. Considering the sheer size of the Chinese economy, the internationalization of the RMB and the

6

openness of China's capital market are lagging behind its economic development. Therefore, it is crucial for China to expedite the creation of the conditions necessary to adopt a floating exchange rate regime so that the internationalization of the RMB can keep up with the growth and opening up of the Chinese economy. With a floating exchange rate, a well-developed FX derivatives market, and well-managed money supply and external debt, China would be in a position to further open up its capital market with support from additional policy measures, such as further development of its bond and stock futures market.

In sum, this book demonstrates that, although foreign exchange intervention may appear to be "stability-enhancing," it does so at the expense of distortions to domestic macroeconomic variables. We argue that, with greater external pressures, the advantages of a flexible exchange rate will also become more prominent. In the face of an especially complicated international environment, the choice of an exchange rate regime is no longer a "good or bad" issue, but rather has become a "life-or-death" issue. Moving toward a floating exchange rate is a logical choice for China and can lay the foundation for the further internationalization of the RMB. Such internationalization is not a peripheral issue that can be sacrificed, but a central issue that would determine whether the Chinese economy can stay resilient against external shocks without having to resort to closed-door policies.

This book reflects the authors' long observation and thinking over exchange rate policy issues and the RMB's internationalization over the past few decades of work experiences. Many ideas presented herein are drawn from practical working experiences and real case scenarios, both in China and abroad, and are further examined through systematic analyses and empirical tests. The authors are grateful for the numerous discussions with experts in China and abroad who have contributed greatly to the writing of the book. We hope that the book will present readers with some new perspectives on China's exchange rate policy issues and the RMB's internationalization while also serving to motivate further research. Finally, the views presented in this book are solely those of the authors' and do not represent the views of their associated institutions.

# 目　录

# 图表目录

# 专栏目录

# 第一章　外汇市场干预对
# 宏观经济的影响：
# 基于国内外经验的实证分析

　　现有文献对外汇干预的研究一般聚焦于外汇干预对稳定汇率的有效性上，而对外汇干预造成的宏观经济代价的研究则较为匮乏。基于 26 个国家的向量自回归模型研究，我们发现在应对外部冲击时，外汇干预虽能在短期内有效减缓名义汇率的波动，但实际汇率的波动往往更大，并且会对物价、实际利率、资产价格等国内宏观经济变量造成深远而广泛的影响。即使外汇干预稳定了名义汇率，实际汇率仍可通过国内物价变动得到一定程度的调整，但这种被动的外部调整方式是以加剧国内宏观经济波动作为重大代价的。跨国实证结果显示，外部冲击下外汇干预国的国内物价及资产价格波动较汇率浮动国更大，说明通过外汇干预而减少的名义汇率波动会转嫁给国内物价及资产价格，加剧国内宏观经济波动。考虑到我国以国内大

1

循环为主的新发展格局以及错综复杂的外部环境，应进一步扩大名义汇率弹性，发挥浮动汇率作为外部"调节器"的重要作用，避免因限制名义汇率调整而对国内宏观经济造成不利影响。

有关汇率制度的最优选择是学术界和政策界一个长期争议的课题，其主流观点也在不断演变。在 20 世纪 90 年代初期，固定汇率（与美元或德国马克挂钩）往往被认为是适合发展中国家的汇率政策，尤其对于那些向市场经济转型的过渡经济体而言。然而，90 年代末期出现的一系列资本账户危机及货币崩溃暴露了固定汇率的脆弱性。在此背景下，彼时的主流观点认为简单汇率挂钩风险过大，因此合适的选择有两种，亦称两极化选择：市场决定的自由浮动汇率，以及硬性挂钩，如采用货币发行局制度。

汇率制度的选择应当根据各国的实际情况进行利弊权衡。2002 年阿根廷比索的崩溃又一次深刻影响了有关汇率制度选择的观点。许多人对硬性挂钩的可取性产生了新的质疑。易纲和汤弦（2001）在"三元悖论"的基础上提出了扩展三角理论框架，指出在选择货币政策独立性、固定汇率及资本自由流动三个目标时并非要完全放弃其中某一个目标，而是可以做到三者兼顾。这意味着汇率制度并不局限在固定或浮动两个极端，而存在处于两个极端之间的中间汇率制度。Hussain 等（2005）

通过跨国比较发现，各国的实际汇率政策并没有往两极化发展的趋势。反之，中间汇率制度呈现出更强的持续性。文章特别指出，随着经济体逐渐成熟，浮动汇率制度的价值会愈加凸显：对于处在早期发展阶段的经济体而言，固定汇率为国内货币政策提供了一个锚，展现了一定抗通胀作用。然而随着经济逐步成熟以及政策可信度不断提高，固定汇率的抗通胀作用不再明显。相比之下，浮动汇率对成熟经济体的好处更为明显：采用自由浮动汇率的成熟经济体在经济增长上的表现更为优越。国际货币基金组织（IMF）于2009年的汇率制度评审中也同样提出，汇率制度的选择应当根据各国的实际情况进行利弊权衡：刚性的汇率制度有助于稳定通胀预期及经济增长，但同时会限制宏观政策的选择，加大面对危机的脆弱性，并限制经济的自我调节能力。

随着我国经济规模不断增大，市场化和开放程度不断提高，贸易保护主义日益猖獗以及人民币日益增强的国际化要求，汇率不灵活的经济代价会越来越突出。尽管人民币的汇率弹性在过去几十年有所提高，但与许多新兴市场国家相比，我国的汇率灵活度以及外汇市场开放度依旧较低。本书通过跨国实证分析，研究外汇干预及汇率不灵活造成的宏观经济代价，并以实证结果为基础进一步探讨中国汇率制度选择的问题。总的来看，管理汇率的优势越来越弱，而代价却越来越大。由于我国正逐步转向更多由内需拉动的大型开放经济增长模式，而且面对的外部贸易环境因保护主义的增强而趋于恶化，汇率政策应加大对外来冲击的屏蔽能力，增强国内宏观经济政策的独立性。

# 第一节　实证分析的理论框架

研究外汇干预及其宏观影响的一大难点在于外汇干预的内生性：外汇干预往往由某一宏观指标（如汇率）变化而触发，但外汇干预的实施又将对同一宏观指标产生影响，因此不易提取由外汇干预单独造成的宏观影响。为了解决内生性问题，我们采用类似 Blanchard 等（2015）[1] 提出的方法：借助外部冲击变量（VIX）的外生性特质，我们建立国别向量自回归模型，研究各国在面对外部冲击这一外生变量变化时，其外汇储备、名义汇率、实际汇率、通胀率、实际利率、资产价格等宏观变量的脉冲响应函数。

实证结果显示，当外部环境恶化时（即 VIX 上升），外汇干预虽然能在短期内降低名义汇率的贬值幅度，但对实际汇率影响有限。同时，外汇干预国相对于汇率浮动国承受更高的通

---

① Blanchard 等（2015）主要研究外汇干预对汇率的作用，而未对其他宏观变量进行分析。此外，Blanchard 等（2015）使用的外生变量为基于国别资本流动构建的指标，但该指标与 VIX 高度相关，且测算结果相似，因此我们选择使用 VIX 作为外生变量指标。

货紧缩压力，且实际利率相对上升，资产价格下降幅度更大，均不利于缓解外部负面冲击。

为了识别外汇干预对宏观指标的影响，我们首先对 26 个国家测算国别 VAR，模型囊括了一系列相关的宏观经济指标。国家样本的选择参照 Blanchard 等（2015），其中包括 13 个外汇干预国和 13 个汇率浮动国。数据样本为 1990 年至 2019 年中的月度数据。年国别模型设定采用以下函数形式：

$$(I - A_1 L - \cdots - A_p L^p) \times Y_{j,t} = \epsilon_{j,t}$$

式中，$L^p$ 为 $p$ 阶滞后算子，$A_1 \cdots A_p$ 为 $6 \times 6$ 的参数矩阵，$Y_{j,t}$ 为内生及外生向量变量，在基准模型中具体定义为

$$Y_{j,t} \equiv \begin{bmatrix} ER_{j,t} \\ FXI_{j,t} \\ F_{j,t} \\ STOCK_{j,t} \\ T_{j,t} \\ VIX_{j,t} \end{bmatrix}$$

式中，$ER_{j,t}$ 指兑美元名义汇率对数；$FXI_{j,t}$ 为外汇干预指标，具体指外汇储备变化净值；$F_{j,t}$ 指通货膨胀指数[①]；$STOCK_{j,t}$ 指股价指数变化；$T_{j,t}$ 指对美联储短期利率差，用于控制同期货币政策

———————————

① 具体指 CPI 及 PPI 加权平均值年度同比增长率。

立场（非冲销干预）；$VIX_{j,t}$ 为模型的外生变量，指标准普尔 500 波动率指数，用于测量国家 $j$ 的外部冲击。在以下的测算中，我们根据测算需求添加或替换向量中的实际变量，包括实际汇率、实际利率等。在基准模型测算中，我们使用的实际汇率为中美双边实际汇率，我们也同时使用实际有效汇率来验证实证结果的稳定性。

**表 1-1**　　　　　　　　**实际外汇干预制度分类**

| 实际汇率制度 | | | |
|---|---|---|---|
| 外汇干预国 | | 汇率浮动国 | |
| 玻利维亚 | 波兰 | 澳大利亚 | 印度尼西亚 |
| 印度 | 罗马尼亚 | 巴西 | 以色列 |
| 马来西亚 | 俄罗斯 | 加拿大 | 菲律宾 |
| 墨西哥 | 韩国 | 智利 | 南非 |
| 新西兰 | 泰国 | 哥伦比亚 | 斯里兰卡 |
| 挪威 | 土耳其 | 捷克 | 瑞典 |
| 秘鲁 | — | 匈牙利 | — |

资料来源：Blanchard 等（2015）及 Iizetski 等（2011）。我们根据各国外汇干预对 VIX 的累计脉冲响应函数将以上国家分为外汇干预国及汇率浮动国（图 1-1）。需要特别说明的是，上述分类方式完全取决于各国外汇干预指标对 VIX 的累计脉冲响应函数，因此是通过统计测算得到的分类。累计脉冲响应函数低于中位数的国家归类为"外汇干预国"，剩余的国家则归类为"汇率浮动国"。

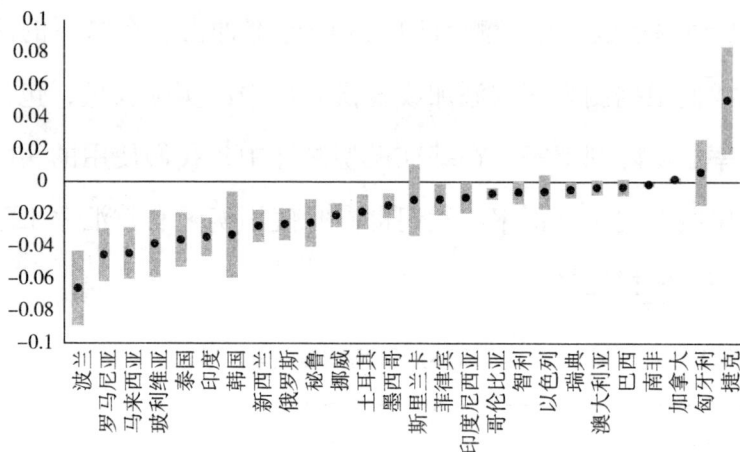

**图 1-1　外汇干预对 VIX 的累计脉冲响应函数（$t=6$）**

在基准模型测算中，我们使用外汇储备净值变化作为衡量外汇干预的指标。这种衡量方式的优点是其数据覆盖的国家范围广、时间周期长，但缺点是衡量指标无法剔除估值变化及投资收益流动等非干预因素，造成指标与实际外汇干预规模有所偏差。为了验证实证结论的稳健性，我们采用来自 Adler 等（2021）的外汇干预数据对基准模型重新测算。Adler 等（2021）的外汇干预数据整合了各国官方发布的外汇干预数据以及对实际外汇干预规模的估测，有效减少了数据中非干预因素的影响。测算结果显示，两种衡量外汇干预的方式得到的实证结论基本一致。

数据均为月度数据。其中，名义汇率及外汇储备数据来自国际货币基金组织的国际金融统计（IFS）数据库，通货膨胀指数、股市价格指数及利率数据来自 Haver Analytics 数据库。VIX 指数来自芝加哥期权交易所。

# 第二节　基于国际经验的实证分析结果

我们研究重点在于各宏观指标对外生变量 VIX 的脉冲响应函数。图 1 - 2 呈现的是外汇储备净值变化对外生变量一个标准差的反应。实线为各国家组（外汇干预组及汇率浮动组）脉冲响应函数的加权平均值[1]。虚线为置信区间（60%）的加权平均值。在图 1 - 2 及随后的结果中，外部冲击具体指外生变量"VIX"一个标准差的增加，可理解为外部金融环境的恶化。可以明显看出，在面对外部冲击时，外汇干预国的外汇储备出现明显下降，而浮动汇率国家的外汇储备变化不明显。图 1 - 3 呈现的是名义汇率对外生变量冲击的反应（正值指贬值），可以明显看出汇率浮动国家的名义汇率贬值幅度大于外汇干预国[2]。实证结果与 Blanchard 等（2015）基本一致。

图 1 - 3 呈现的结果说明了外汇干预在短期内对于减少名义汇率波动的有效性。然而，通过外汇干预稳定名义汇率是有代价的，首先是国际收支失衡加剧、外汇储备流失、对外投资

---

① 权重与各脉冲响应的标准差成反比。

② 正值代表贬值。

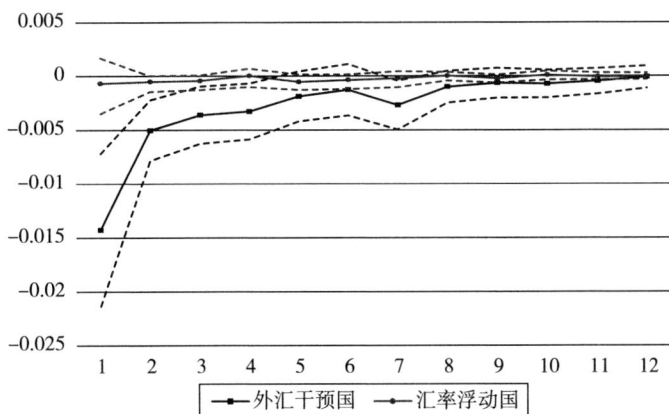

图 1-2 外部冲击对外汇储备的影响

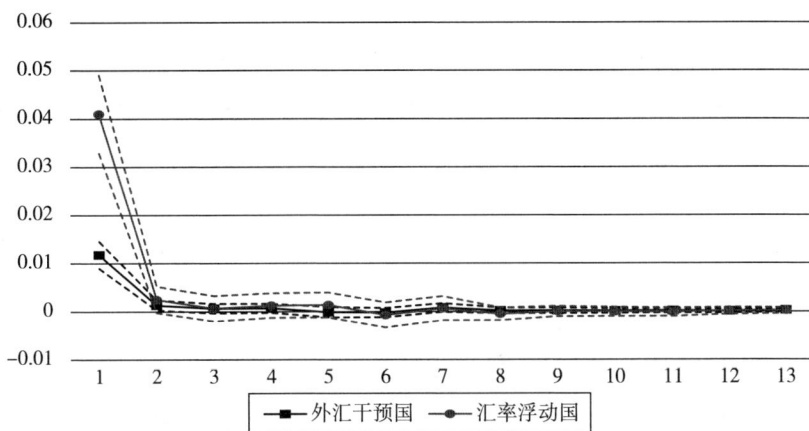

图 1-3 外部冲击对名义汇率的影响

和国家对外博弈能力受到约束、外汇市场发展受限、货币政策
目标与稳定汇率目标发生冲突等直接代价。其次，我们的研究
重点还在于测算外汇干预的其他重要的宏观代价，包括对物

11

价、实际利率及资产价格的影响。总的来看，外汇干预短期内保了名义汇率，但保不了外汇储备，同时导致产生一系列宏观经济代价。汇率浮动保了外汇储备，同时减少了宏观经济代价。

## 一、外汇干预的直接代价

外汇干预不利于国际收支的及时调节并使外汇储备大幅波动。一是在贬值压力下国际收支失衡得不到及时纠正并加速外汇储备的流失。外汇干预不利于汇率发挥"减震器"的作用，可导致国际收支失衡加剧，还会限制国内名义利率的有效调节幅度。利用国际货币基金组织的外部均衡办法（EBA）分析显示，外汇干预会加剧国际收支失衡，其效果在实行资本管制的国家尤为显著。[①] 持续大规模的外汇市场干预意味着国际收支持续失衡和外汇储备暴涨或暴跌。如图 1-2 所示，外部冲击下外汇干预国的外汇储备流失远大于汇率浮动国。

在升值压力下的外汇干预对外部投资收益会产生不利影响。首先，外汇干预会造成我国对外汇储备资产的长期依赖并因此而蒙受损失。长期以来，我国的外汇储备资产均集中在低

---

① 分析显示，对资本管制指标处在第 75 百分位及第 90 百分位的国家，每 1%（GDP 占比）的外汇购买（卖出）将分别为其经常性账户顺差（逆差）带来 0.19% 和 0.38% 的增长。

收益率的资产类型，如美国国债，不利于提高我国外部投资的整体回报率。其次，外汇储备积累还会挤出私人部门的对外投资，降低我国外汇资源在国际市场的整体配置效率。如图 1 - 4 所示，我国的外部投资净收益率（2000—2018 年）长期处在负区间①，低于许多发达国家甚至新兴市场国家。最后，从金融安全的角度来看，外汇储备资产较大规模集中在美国国债上也会使我国在大国谈判、战略博弈上很被动。

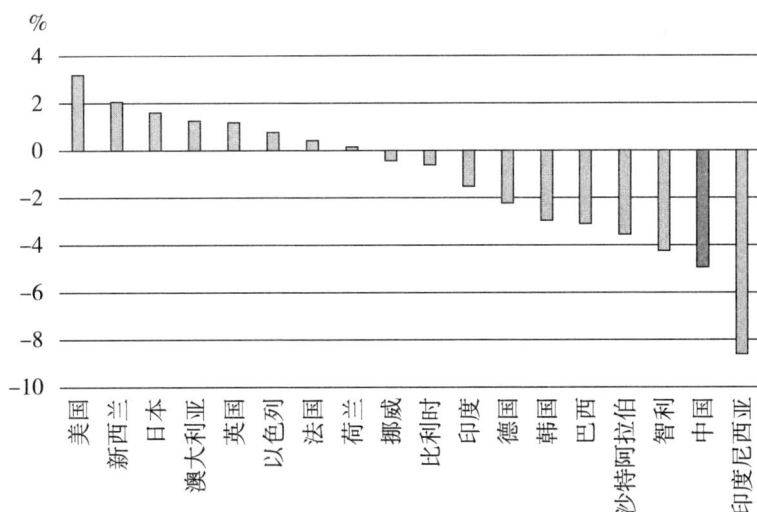

**图 1 - 4　外部投资净收益率的跨国比较（2000—2018 年均值）**

（资料来源：Das 等（2020）②）

---

①　我国外部投资净收益率长期处在负区间的一个客观因素是我国经济增速整体高于外部经济增速，因此国内投资收益率普遍大于外部投资收益率。

②　Das 等（2020）通过国际货币基金组织的跨境投资存量及流量数据来测算跨国外部投资收益率，具体方法参照 Gourinchas 和 Rey（2007）。

外汇干预不利于外汇衍生品市场建设和货币政策实施。实践中，一些外汇干预未必采取实际买卖外汇的形式，比如一些国家中央银行对远期外汇市场征收风险准备金，本质上也是希望通过这种方式降低客户远端购汇需求，缓解本币贬值压力。但这种隐性外汇干预方式的负作用在于，它使客户实际面临的汇率水平不同于外汇衍生品市场上自然形成的汇率水平，导致一些有真实需求的客户由于对冲成本上升而退出外汇衍生品市场。这与外汇衍生品市场对冲风险的本质是背道而驰的，最终的代价是破坏外汇衍生品市场的发展建设。

外汇干预还有可能和通货膨胀目标相冲突，使中央银行面临两难。维持通货膨胀稳定是中央银行的重要职责，但外汇干预和通货膨胀目标往往并不一定能够兼容。有时，通货膨胀目标制和外汇干预是兼容的，比如说当一国面临通货紧缩压力时，买外汇卖本币有助于实现通货膨胀目标，如果一国面临较大的通货膨胀压力，买本币卖外汇有助于实现通货膨胀目标。但大多数时候，外汇干预导致的通货膨胀走势与通货膨胀目标所要求的通货膨胀走势是相反的。卖外汇一般是在顺差减少、资本外流并产生通货紧缩之时，外汇干预有可能加剧通货紧缩。买外汇一般是在顺差和资本流入增加、有通货膨胀压力时，这种情况下的外汇干预会加剧通货膨胀，人为加大对冲成本。

## 二、外汇干预对实际汇率及通货膨胀的影响

2008 年美国次贷危机爆发以及一系列非常规货币政策工具出台后，各国愈加频繁地使用资本管制及外汇干预措施来应对和管理跨境资本流动以及汇率的波动。部分研究为冲销干预提供了理论支持，认为在特定情形下，即便是在实行通胀目标制的国家仍然存在干预汇率的必要性（Alla 等，2017；Benes 等，2013；Cavallino，2019；Ostry 等，2015）。同一背景下，还有广泛的文献研究冲销干预对调控汇率的有效性（Adler 等，2015；Blanchard 等，2016；Daude 等，2014；Fratzscher 等，2015）。

外汇干预如何影响通货膨胀及实际利率？从理论角度来看，未完全冲销的外汇干预会导致货币供应的扩张或紧缩，继而影响物价及实际利率。贬值压力下中央银行卖出外汇储备资产实际上是在抛售外币、回收人民币，可理解为中央银行的缩表行为。在没有充分冲销的情况下，可导致货币紧缩，并引发物价下行、实际利率上升及资产价格下跌等通货紧缩效应。

即便是完全冲销的外汇干预理论上仍可通过对金融摩擦、货币组成、政策信号和资产组合平衡的影响产生宏观效应，其中有关资产组合平衡渠道的文献影响最为深远，早期研究包括 Henderson 和 Rogoff（1982）、Kouri（1982）以及 Branson 和

Henderson（1985）。该理论认为，国内外资产并不具备完全可替代性，存在资产收益率的差别，因此冲销干预可对国内外资产的相对收益率造成影响。更近期的研究将资产组合平衡理论进一步拓展，为该理论中涉及的金融摩擦建立微观基础模型（Gabaix 和 Maggiori，2015；Chang 和 Velasco，2017；Cavallino，2019；Fanelli 和 Straub，2020）。虽然外汇干预或具备其潜在的作用，但绝大部分研究都承认外汇干预本身是具有代价的，因此只适用于少数极端情形。然而，近期的文献对外汇干预造成的代价讨论较少。我们的实证研究不仅对外汇干预的有效性进行印证，而且着重分析其造成的一系列宏观经济代价。

实证分析结果显示，外汇干预对稳定名义汇率短期内有效，但对稳定实际汇率的效果十分有限。图 1－5 对比了外汇

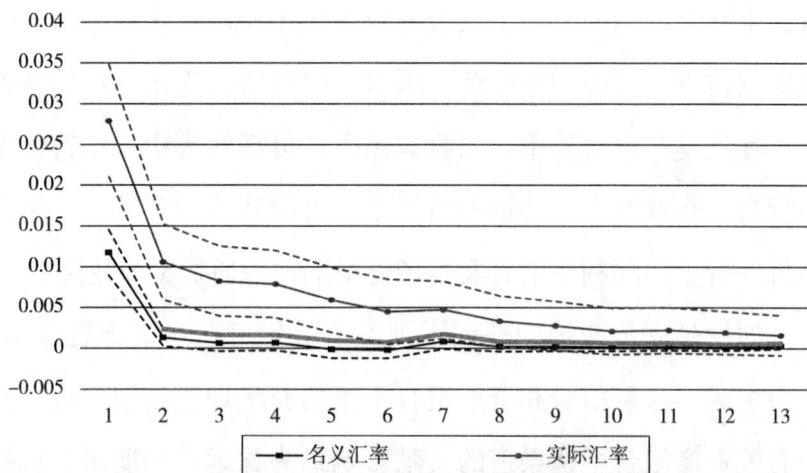

图 1－5　外部冲击对外汇干预国名义汇率及实际汇率的影响

干预国的名义汇率及实际汇率对外部冲击的脉冲反应函数。结果显示，在受到外部冲击时，外汇干预国的实际汇率贬值幅度要大于名义汇率贬值幅度，说明实际汇率通过国内通货紧缩实现调整。相反，图1－6呈现的结果说明汇率浮动国在受到外部冲击时，实际汇率贬值幅度与名义汇率贬值幅度差别不大。为了检验结果的稳健性，我们使用实际有效汇率重新测算图1－5和图1－6，实证结论基本一致。此结果说明，在受到外部冲击时，汇率浮动国因汇率贬值而产生的国际收支改善及通货膨胀效应，在相当程度上抵消了资本流出产生的国际收支恶化及通货紧缩效应。而外汇干预国由于贬值幅度小或贬值不到位使资本流出导致的国际收支恶化及通货紧缩压力无法通过汇率调整得到缓解。从宏观经济自我调节能力的角度看，外汇干预

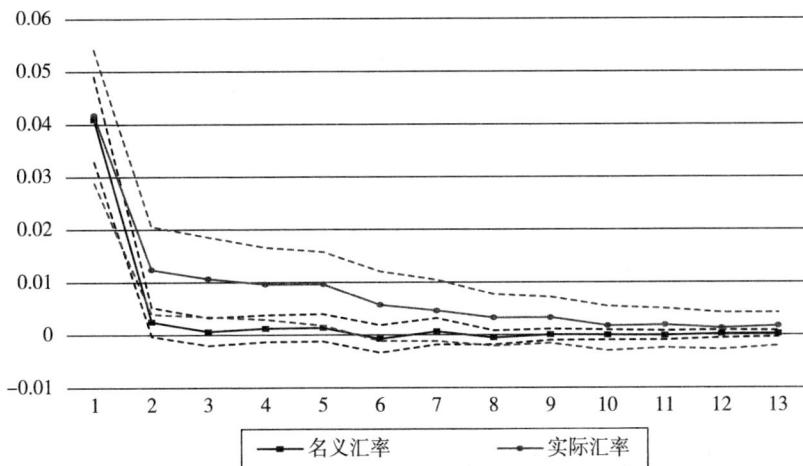

图1－6　外部冲击对汇率浮动国的名义汇率及实际汇率的影响

对汇率的限制并不利于宏观经济应对外部冲击。

图1-5说明虽然外汇干预能稳定名义汇率波动，但无法阻止实际汇率通过国内物价进行自我调节。图1-7呈现了两组国家的通胀率对外部冲击的脉冲响应函数。结果显示，外部冲击下，外汇干预国呈通缩效应，印证了图1-5的结果。

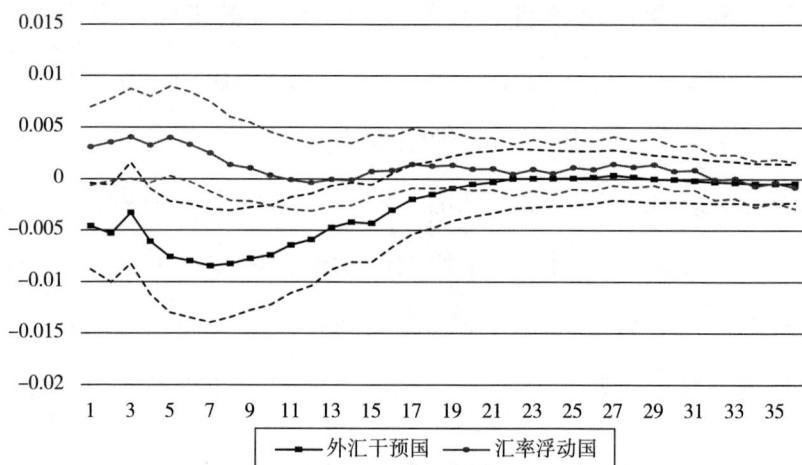

**图1-7　外部冲击对通胀率的影响**

图1-5显示，即使外汇干预限制了名义汇率的弹性，实际汇率仍可通过国内物价实现调整，但这种被动的外部调整方式存在以下弊端：一是通过国内物价下行实现实际汇率调整将加剧外部冲击带来的通缩压力，对国内宏观经济造成不利的负作用。二是通过国内物价下行实现的实际汇率贬值可能由于价格向下刚性等原因而无法充分释放贬值压力。换言之，国内物价往往无法对外部冲击作出及时和灵活的调整。如图1-5和

图 1-6 显示，外部冲击下外汇干预国的实际汇率贬值幅度要小于汇率浮动国。

## 三、外汇干预对实际利率的影响

外汇干预对物价的影响会间接转化为对实际利率的影响。图 1-8 对比了外汇干预国及汇率浮动国实际利率对于外部冲击的反应。结果显示，在面对外部冲击时，汇率浮动国的实际利率没有明显变化，外汇干预国的实际利率则因通货紧缩快于名义利率的调整而有所上升。实际利率的上升会进一步造成紧缩效应，并易导致债务危机，放大了外部冲击对宏观经济的影响。通过 Adler 等（2021）的外汇干预数据测算出来的结果同样显示外部冲击下外汇干预国的平均实际利率高于汇率浮动

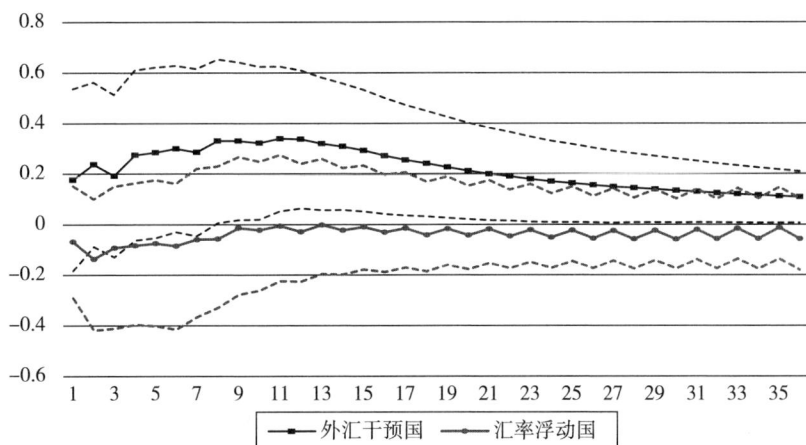

**图 1-8　外部冲击对实际汇率的影响**

国，不利于应对外部冲击的负面影响。

## 四、外汇干预对资产价格的影响

对汇率这一"减震器"的限制往往导致外部冲击在国内产生连锁效应，并传导到国内资产价格上。例如，在面对外部冲击时，外汇干预虽然可以减少名义汇率贬值幅度，但可能会使贬值预期实现的进程放慢，延长了套利的时间，致使资本持续外流。此外，外汇干预可能造成的实际利率上升会导致投资股市和房地产的机会成本上升，触发股价和房价下跌。

图1-9呈现的是外汇干预国及汇率浮动国股市价格对外部冲击的脉冲反应函数。结果显示，面对外部冲击，股市价格普遍下跌，但外汇干预国的下跌幅度更大。通过 Adler 等

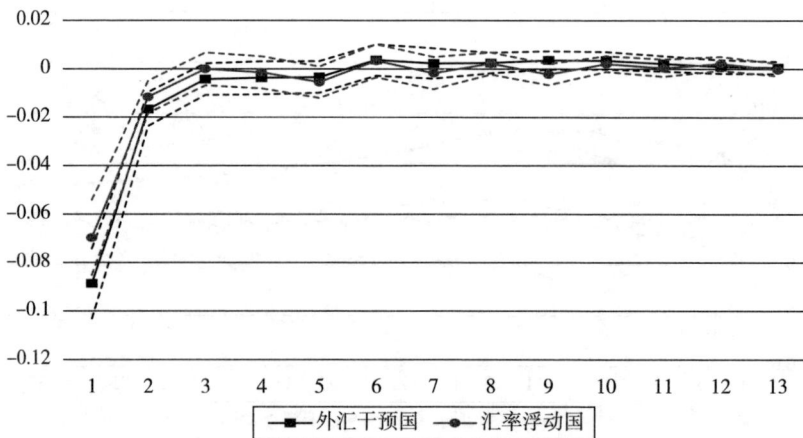

图1-9 外部冲击对股市价格的影响

（2021）的外汇干预数据测算出来的结果统计显著性更强。图
1-10呈现的是外汇干预国及汇率浮动国房价对外部冲击的反
应。结果显示，房价对外部冲击的脉冲反应具有较强异质性，
但外汇干预国的平均下跌幅度大于汇率浮动国。

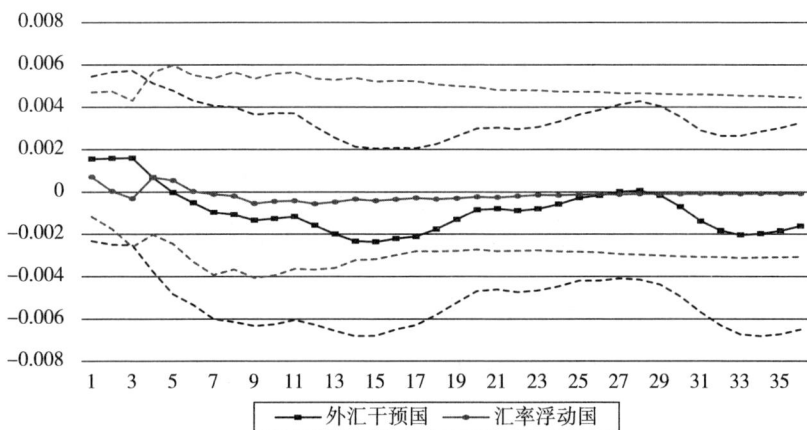

图 1-10　外部冲击对房价的影响

# 第三节　基于中国经验的实证分析结果

跨国对比结果说明了外汇干预虽然能暂时影响名义汇率，但同时具有潜在的宏观经济代价，不利于经济在面对外部冲击时进行自我调节。近年来，我国已逐步减小了外汇干预规模，汇率灵活性也在持续增强，但与发达国家甚至其他新兴市场国家相比，我国的汇率灵活性仍旧较低，一定程度上限制了汇率发挥"自动稳定器"的作用。

## 一、外汇干预对国内宏观经济的影响

基于过去30年的月度数据，我们通过上述 VAR 模型研究了国内主要宏观指标对外部冲击的脉冲反应，所得结论与对国外研究得出的结论是一致的。

图 1-11 呈现的是外汇储备净值变化对外部冲击的脉冲反应。结果显示，在过去 30 年时间里，外汇储备在外部冲击下呈净卖出状态，说明了外汇干预的存在。图 1-12 呈现的是在外汇干预背景下名义汇率对外部冲击的脉冲反应，结果显示，

名义汇率在面对外部冲击时有一定滞后贬值，但贬值幅度有限。

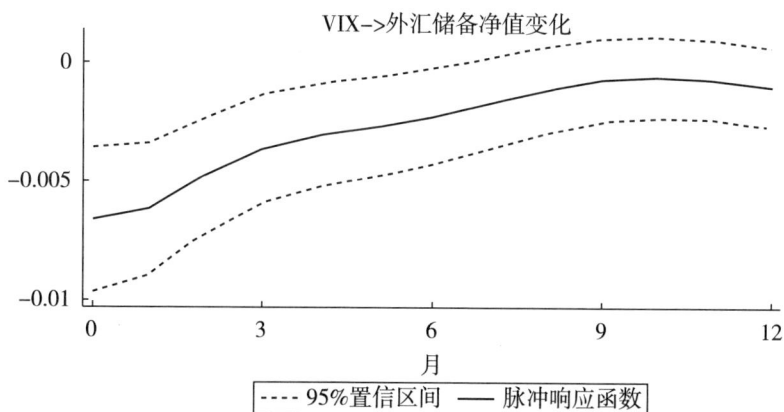

VIX->外汇储备净值变化

图 1 - 11　外部冲击对中国外汇储备的影响

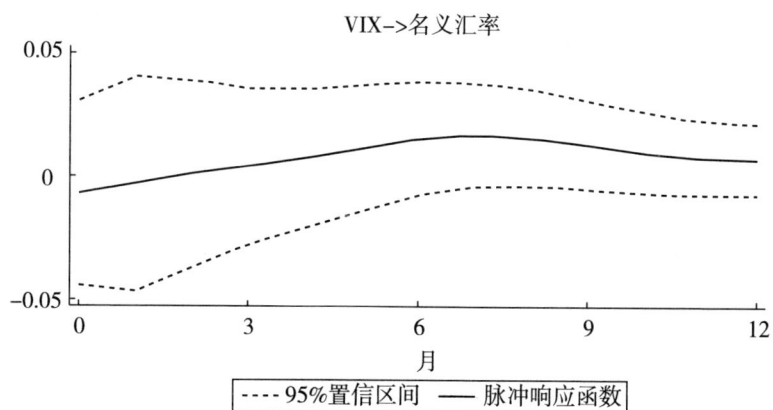

VIX->名义汇率

图 1 - 12　外部冲击对中国名义汇率的影响

　　图 1 - 13 呈现的是在外汇干预背景下实际汇率对外部冲击的脉冲反应。结果显示，外部冲击下尽管名义汇率因干预而贬值有限，但实际汇率较名义汇率贬值幅度更大。同时，在外汇干预背景下，外部冲击在国内形成了通货紧缩压力（见图 1 - 14）。

VIX->实际汇率

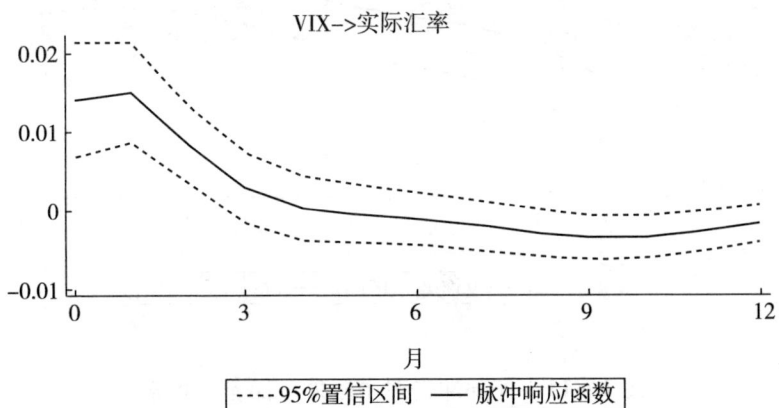

| ----95%置信区间　　——脉冲响应函数 |

**图 1 - 13　外部冲击对中国实际汇率的影响**

VIX->通胀率

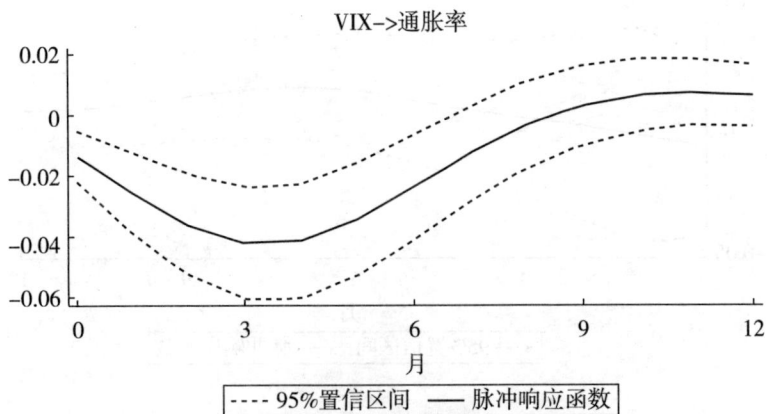

| ----95%置信区间　　——脉冲响应函数 |

**图 1 - 14　外部冲击对中国通货膨胀率的影响**

此外，图1－15显示，外部冲击下实际利率有所上升，既加大了实体经济的融资成本，也加大了投资于资本市场的机会成本。

VIX->实际利率

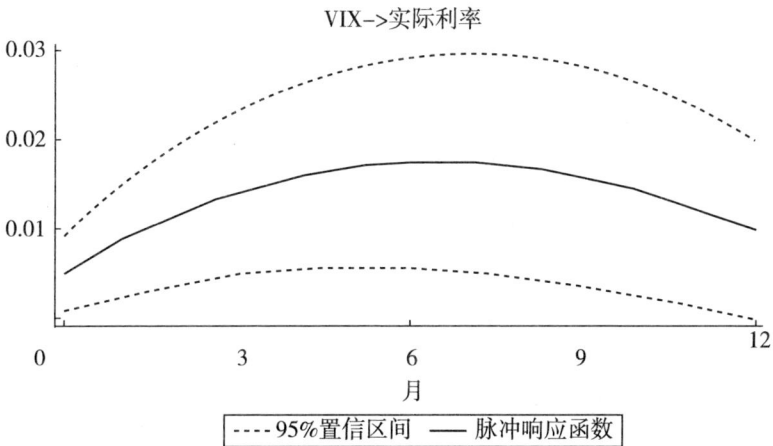

**图1－15 外部冲击对中国实际利率的影响**

图1－16和图1－17呈现的是房价及股市价格对外部冲击的脉冲反应函数。与许多国家一样，以外汇干预应对外部冲击会通过国内融资成本上升等渠道导致股市价格和房价的下跌。

上述结果说明，在过去30年的样本期间内，外部冲击普遍伴随着外汇干预措施（见图1－11）。同时，外部冲击下我国呈现通货紧缩、实际利率上涨以及资产价格下跌等现象，凸显了我国宏观经济自我调节能力的不足。然而上述结果仅呈现了外汇干预与各项宏观经济指标的关联性，尚未说明其因果关系。

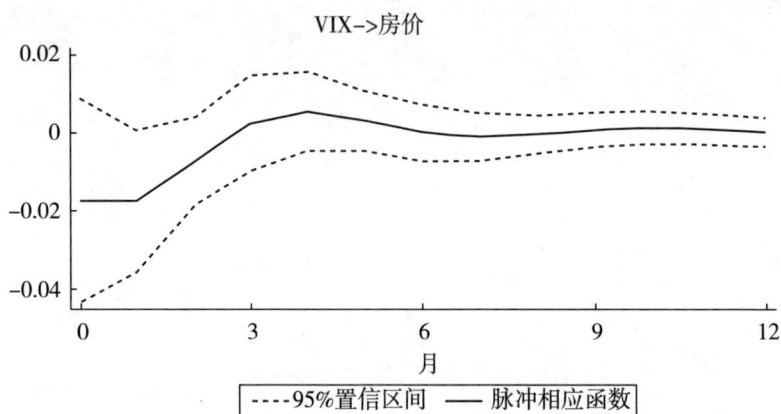

图 1-16　外部冲击对中国房价的影响

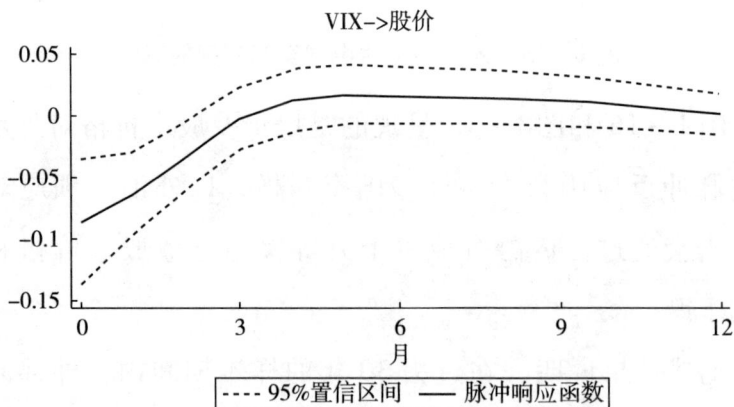

图 1-17　外部冲击对中国股市价格的影响

为了进一步探究外汇干预的因果效应，我们对上述 VAR
模型进行格兰杰因果关系检验。表 1 – 2 结果显示，外汇干预
能影响（Granger Cause）实际利率、物价指数以及资本市场价
格，进一步说明我国一些看似与汇率不太相关的经济指标实际
上受我国的汇率政策和外汇干预的影响，外汇干预不利于宏观
经济的自我调整。

表 1 – 2　　外汇干预的宏观影响：格兰杰因果关系检验

| Granger causality wald tests | | | | |
|---|---|---|---|---|
| Equation | Excluded | chi2 | df | Prob > chi2 |
| ER | FXI | 5.751 | 2 | 0.056 |
| F | FXI | 11.24 | 2 | 0.004 |
| STOCK | FXI | 5.541 | 2 | 0.063 |
| rir | FXI | 7.423 | 2 | 0.024 |
| T | FXI | 0.0118 | 2 | 0.994 |

注：ER、FXI、F、STOCK、rir 和 T 分别为实际汇率、外汇干预、通胀率、股
市价格、实际利率和中美利差的对应变量。

## 二、外汇干预能否遏制资本外流

外汇干预往往被用于应对资本外流压力，但其有效性在学
界和政策界都具有较大争议。我们通过月度数据建立了由三个
内生变量（资本净流出、中美利差、外储变化）和一个外生变
量（VIX）组成的 VAR 模型来研究我国外汇干预对资本流动的

影响。过去 30 年的数据显示（见表 1-3 和图 1-18），虽然外汇干预能影响资本流动，但外汇干预不但没有缓解资本外流压力，反而可能加速了资本净流出。

表 1-3    外汇干预对资本流动的影响：

格兰杰因果关系检验

| Granger causality wald tests | | | | |
|---|---|---|---|---|
| Equation | Excluded | chi2 | df | Prob > chi2 |
| capital flow net | FXI | 6. 618 | 2 | 0. 037 |
| capital flow net | T | 3. 446 | 2 | 0. 179 |
| FXI | capital flow net | 23. 09 | 2 | 0 |
| FXI | T | 13. 73 | 2 | 0. 001 |
| T | capital flow net | 0. 27 | 2 | 0. 874 |
| T | FXI | 1. 768 | 2 | 0. 413 |

注：capital flow net、FXI 和 T 分别指资本净流出、外汇干预和中美利差的对应变量。

上述实证结果说明，在过去 30 年的样本期间内，我国为应对外部冲击而采取的外汇市场干预措施一方面在短期内起到了熨平人民币兑美元汇率波动的作用，似乎有助于国民在心理上坚定信心，但汇率升值或贬值压力的持续存在说明干预对信心的影响是有限的，更重要的是整个经济付出了不可忽视的代价。两组实证结果还表明，我国外汇干预造成的经济代价符合国际普遍规律，对实际汇率影响有限，但会造成通货紧缩、实际利率上升及资产价格下跌等影响。

FIX->资本净流出

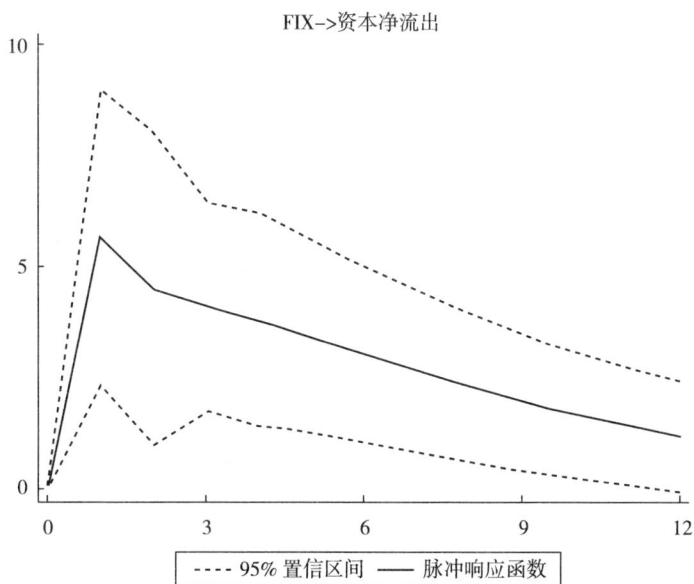

**图 1 – 18　外汇干预对资本流动的影响：脉冲响应函数**

　　值得指出的是，上述结果已经把中央银行采取的对冲措施考虑在内，如果没有中央银行的对冲措施，上述结果应该更为明显。而且对冲本身也是要付出代价的。如果中央银行发行央行票据则中央银行承担额外的央行票据融资成本。如果中央银行提高存款准备金率，则成本转嫁给商业银行。商业银行通过提高贷款利率把成本传导到实体经济。如果商业银行搞创新规避中央银行的存款准备金成本，则把业务从表内转移到表外，或者商业银行把业务转移到非银行金融机构，从而产生影子银行，为金融风险埋下伏笔。

## 三、结论

基于跨国向量自回归模型的研究，我们发现在面对外部冲击时，外汇干预虽然能减缓名义汇率的波动，但并不能阻止实际有效汇率通过国内物价和资产价格变动的方式自行调整。外汇干预虽然能减少名义汇率波动，但同时会将波动转嫁给国内物价及资产价格，加剧国内宏观经济波动。我国的外汇干预措施不利于对国际收支失衡及时调整，而国际收支平衡是宏观经济管理中最重要的平衡关系，失衡使整个经济付出的代价被低估或忽视。随着我国逐步转向更多由内需拉动的大型开放经济增长模式，汇率政策更应发挥缓冲器或减震器的作用，以确保宏观经济和金融的稳定发展。

# 第四节　从三次汇率政策调整和
# 三次危机看汇率灵活的重要性

汇率作为两国货币的兑换价格，是我国与世界对接的变压器，几乎影响着内外部的所有经济指标。上述实证结果显示，外汇干预会限制汇率发挥调节器的作用，加剧内外部经济失衡。本部分通过回顾和分析人民币汇率在三次汇率政策调整（1994 年、2005 年和 2015 年）以及三次危机（1997 年、2008 年和 2015 年）过程中扮演的角色，进一步印证了上述实证结果：持续和较大规模的外汇干预会对国内物价、实际利率、资产价格等产生明显的扭曲效应，符合国际普遍规律。

过去 30 年，我国汇率形成机制总体朝着更加市场化的方向演变，历次汇率改革都在困难、摸索甚至挫折中前行，但最终成效显著。我国的历次汇率改革都大幅提高了人民币汇率市场化水平，有效缓解了国际收支及国内宏观经济失衡，并加强了我国应对经济危机的韧性。此外，汇率形成机制的改革还有效地推动了我国对外开放的进程。

但汇率市场化发展也在历次危机中一度中断，对其利弊得失缺乏研究和探讨。在 1997 年和 2008 年的两次金融危机期间，人民币汇率浮动区间大幅缩窄，在一定程度上中断了 1994 年和 2005 年两次汇率改革的进程。外汇市场的干预和外汇管制的加强使汇率失去调节功能，国际收支无法通过汇率的波动进行调节，加剧了危机的通货紧缩效应，通货紧缩历来是银行不良资产和债务危机的催化剂。

1997 年亚洲金融危机爆发后，因人民币没有贬值，通货紧缩压力上升，银行坏账加快积累，导致 1998 年和 1999 年国家对商业银行大规模注资并剥离不良贷款。2005 年虽有汇率政策的调整，但汇率升值并未很快完全到位，之后数年又在干预下升值缓慢，导致国际收支经常账户顺差过快增大。而 2008 年国际金融危机爆发后又因人民币不能贬值使得外需减少和资本流出产生的压力不能通过汇率的贬值加以缓解，只能完全依赖 2008 年的"四万亿元"扩张刺激计划。这些措施均大幅提高了中央和地方的财政收支压力和债务负担，代价之大不可忽视。

类似的经济失衡还发生在 2015 年"8·11"汇率改革前夕。2013 年下半年以后，随着美联储宣布削减量化宽松，全球流动性骤然缩紧，我国的跨境资本流向也随之逆转，人民币贬值预期开始迅速积累。然而面对贬值压力，人民币兑美元汇率并未及时和足量地进行调整，又一次付出了通货紧缩等经济代价。因此有必要通过对历次汇率改革和金融危机的回顾，更为系统性地探讨汇率不灵活造成的直接或间接经济代价。

我国汇率制度的历史回顾。新中国成立初期，我国实行浮动汇率制度，但由于金银匮乏以及朝鲜战争的影响，汇率波动剧烈。1953 年至 1972 年间，我国采用单一固定汇率制。随着计划经济体制的逐步健全，我国汇率长期保持基本稳定。1973 年布雷顿森林体系瓦解，西方国家普遍实行浮动汇率制度，人民币汇率则采用以一篮子货币计价的单一浮动汇率制，并进入一个升值周期，一直持续到 1980 年左右。

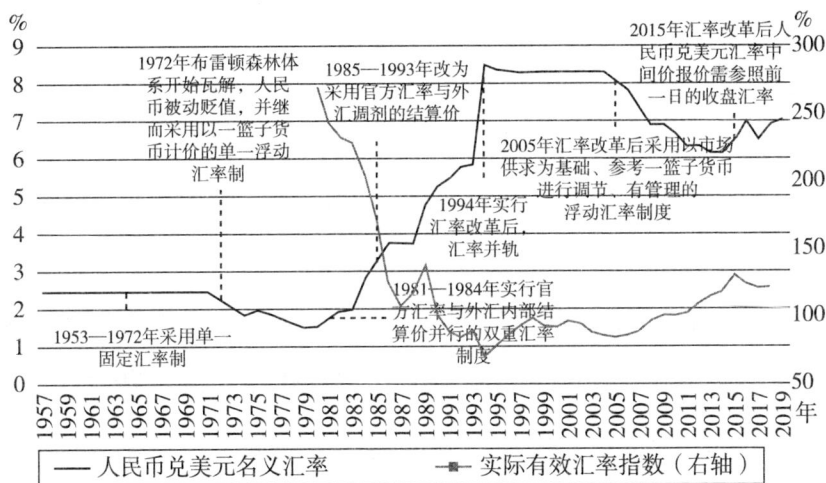

**图 1-19 人民币兑美元历史汇率**

（资料来源：国际货币基金组织、国际清算银行）

为了鼓励外贸企业出口的积极性，我国于 1981 年至 1984 年间实行官方汇率与外汇内部结算价并行的双重汇率制度，并对外贸企业采取外汇留成制。外汇留成制指的是外贸企业必须将全部收汇按官方价格售给政府指定的银行，同时按照留成比例拿到一个凭证，即外汇额度。当企业需要使用外汇的时候，可持外汇凭证到银行按外汇内部结算价购买外汇。不同外汇价格的存在促使场外交易快速发展。许多有额度的企业在银行按照官方价格提取外汇，转而再到场外市场赚取差价。这一阶段的外汇双轨制导致市场投机行为盛行，造成外汇管理混乱。同时，贸易企业主营业务亏损不断增大，而非贸易企业的经营积极性也遭受打击。

1985 年到 1993 年间改为同时采用官方汇率与外汇调剂的结算价，但外汇双轨制已无法适应我国的经济发展需求。1988 年后，国家放开了外汇调剂价格，外汇调剂价格根据外汇供需自由浮动，外汇调剂价格的运用范围也不断扩大，到 1993 年底外汇调剂市场成交额已占我国进出口外汇成交额的 85%。随着我国经济开放程度的不断加大和市场化改革的不断深化，当时的汇率双轨制已不能适应开放需求。在通货膨胀率较高、官方汇率高估、贸易逆差加大、汇率贬值压力加大的情况下，国务院在 1994 年初推出了一次重要的汇率改革。

1994 年汇率改革前，国内宏观经济已经出现了明显失衡。

1993 年的对外贸易出现了较大逆差，达到 116 亿美元，而当年的外汇储备仅为 212 亿美元。外汇调剂市场价格明显高于官方价格，反映了官方汇率的高估状态，并因而造成进口需求过旺。同时，由于货币供应超常增长，国内居民消费价格指数（CPI）和生产者价格指数（PPI）通货膨胀率分别达到 14.7% 和 19.6%，官方汇率贬值压力也因此急剧上升。实际利率则处在负区间，加大了资本外流压力。

　　1994 年的汇率改革不但缓解了经济失衡，还奠定了中国当前汇率制度的基本框架。[①] 1994 年 1 月 1 日实行了汇率并轨，取消了 5.7 的官方价格，人民币兑美元价格统一调整到 8.7 的外汇调剂价格。理论上均衡汇率应当位于官方汇率和市场调剂价之间，因此汇率并轨到 8.7 属于超调，它使市场贬值预期得到完全释放，并逆转为升值预期。1994 年 4 月 4 日实现了银行间外汇市场在中国人民银行的参与下开始运转，从此开始了有管理的浮动汇率制度。汇率在 1994 年末不降反升，上调至 8.5。贬值预期的释放缓解了资本外流压力，外商直接投资由 1993 年的 275 亿美元增加至 1994 年的 337 亿美元。同年，贸易进出口增长率分别为 11.3% 和 31.9%，经常账户由逆差转为

---

　　① 1994 年，中国人民银行发布《关于进一步改革外汇管理体制的公告》，决定实行以市场供求为基础的、单一的、有管理的浮动汇率制度，形成银行结售汇市场与银行间外汇市场双层结构。

顺差至 1.2%（GDP 占比）。外汇储备则由 1993 年末的 212 亿美元增加至 1994 年的 516 亿美元。1994 年的汇率改革奠定了中国当前汇率制度的基本框架，即以市场供求为基础、参考一篮子货币进行调节、有管理的浮动汇率制度。

1994 年汇率改革前后的经历表明汇率贬值甚至超调有助于应对内外部经济冲击。汇率改革前后的经历告诉我们，人为保持一个明显高估的汇率是不可持续的，市场化的外汇调剂价格的存在对汇率并轨的决策有很高的参考价值，允许官方汇率充分贬值并适当超调，不仅不会造成经济动荡，反而可以显著改善国际收支，吸引资本流入，并因超调将市场的贬值预期扭转为升值预期。

受 1997 年亚洲金融危机影响，人民币汇率由升值趋势变为出现贬值压力。我国政府承诺人民币汇率不贬值，实际上是相对于美元不贬值，将人民币兑美元汇率固定在 8.3 的水平。汇率不动与外汇管理等措施相配合，可能缓解了部分因恐慌造成的资本外流压力，但限制了宏观经济的自我调节能力，并使经济付出了一系列代价。

固定汇率导致人民币兑亚洲国家货币大幅升值，加重了出口企业负担。在 1997 年亚洲金融危机期间，由于我国实行人民币兑美元固定汇率政策，而亚洲其他国家货币兑美元均不同程度地贬值，导致人民币较亚洲主要货币大幅升值。在外需不振的背景下，人民币的升值给出口企业造成了额外负担，加速了出口下滑。为了缓解出口企业的困境，我国采取了一系列支持性政策，包括上调出口退税率、提高外贸企业补贴以及增加外贸贷款等。我国实际上是以财税政策减少部分企业的换汇成本，替代了汇率政策担当调节进出口的任务。

在存在贬值压力的背景下实行固定汇率，以生产者价格指数为代表的通货紧缩效应十分明显，企业面临的实际利率隐蔽地升高。在企业产品价格下跌的同时，名义还本付息负担却保持不变，导致企业盈利急剧恶化、贷款质量下降、债务危机浮现、系统性金融风险加剧。在固定汇率政策下，人民币实际有效汇率的贬值压力不得不通过通货紧缩得以释放，进而缓解国际收支经常项目的恶化。

1997 年至 1998 年间，生产者价格指数和居民消费价格指数通胀率相继处在负区间，导致同期实际利率居高不下，实体经济融资环境恶化。高昂的实际利率不但限制了银行贷款的增量复苏，而且导致贷款存量的坏账率快速上升。其间，国有企业面临经营困难、亏损加重及职工下岗等困境。1997 年，中央政府实施了"国有企业扭亏脱困三年计划"、"抓大放小"、债转股和减员增效等一系列改革措施以应对国有企业经营困境。为遏制系统性风险蔓延，国家还采取了一系列干预措施，包括在 1998 年首次向国有商业银行注资 2700 亿元的资本金，以及在 1999

年成立四大资产管理公司承接约 14000 亿元的银行不良贷款。这些干预措施有效缓解了系统性金融风险，但为此付出了财政开支和债务负担大幅上升以及下岗工人大量增加等政策代价。然而，多数人并没有意识到这个代价与我国的汇率政策有关。

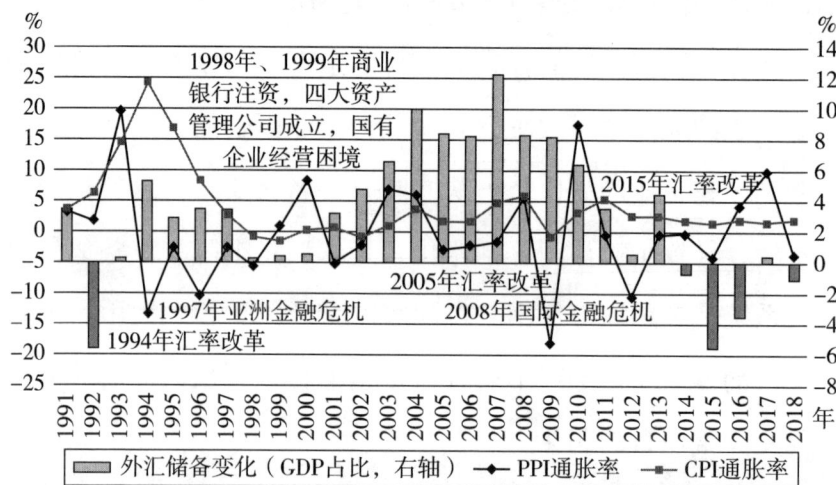

**图 1-20 外汇干预对通货膨胀率的影响**

（数据来源：国际货币基金组织、世界银行、国家统计局）

2005 年汇率政策调整前，我国经济失衡主要体现在经常账户和资本与金融账户的持续双顺差，人民币面临较大的升值压力。2000 年到 2005 年间，经常项目顺差从 200 亿美元上涨到 1300 亿美元，资本与金融账户顺差从 20 亿美元增加至 912 亿美元，外商直接投资从 400 亿美元上涨至 600 亿美元。外汇储备从 1655 亿美元增加至 8188 亿美元。

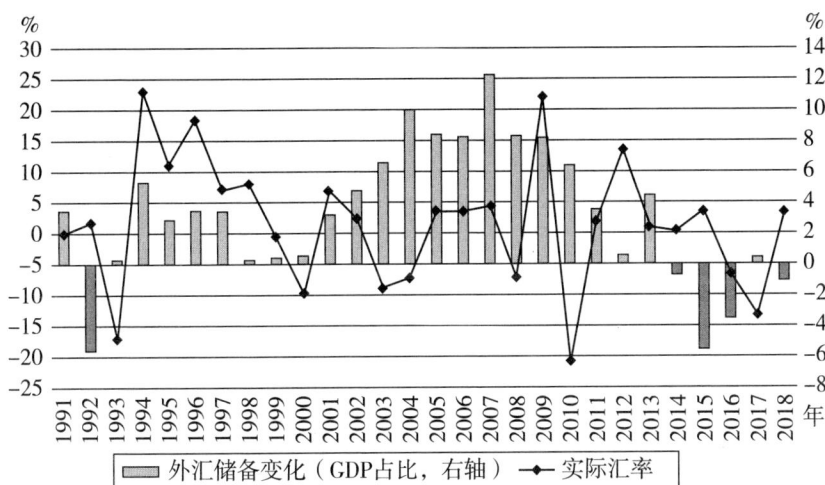

**图 1-21　外汇干预对实际利率的影响**

（数据来源：国际货币基金组织、世界银行、国家统计局）

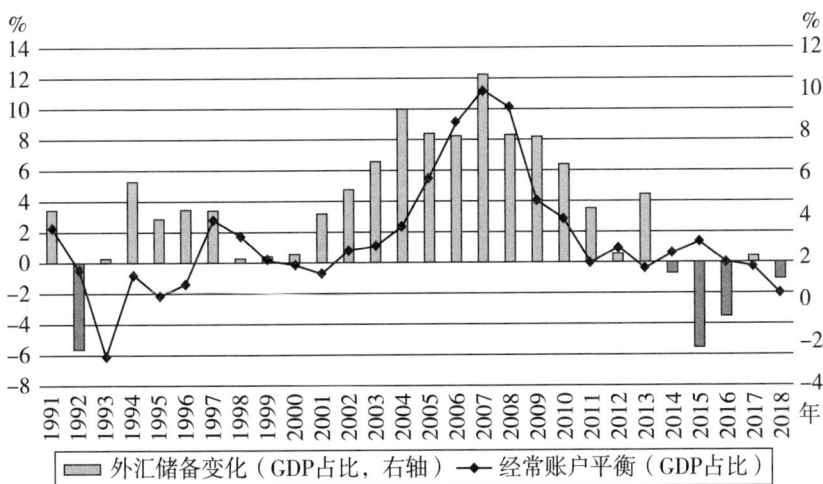

**图 1-22　外汇干预对经常账户的影响**

（数据来源：国际货币基金组织、世界银行、国家统计局）

2005 年汇率政策的调整重新激活了 1998 年被冻结的汇率，人民币重新回归管理浮动制度。2005 年 7 月 21 日，新一轮人民币汇率形成机制改革启动。汇率改革的主要内容包括取消盯住美元的政策，改为以市场供求为基础、参考一篮子货币进行调节、有管理的浮动汇率制度。人民币兑美元汇率一次性升值 2.1%，从 8.28 升至 8.11。人民币汇率中间价由参考上日银行间市场加权平均价确定，改为参考上日收盘价，但维持人民币汇率日浮动区间 ±0.3% 不变。2006 年 1 月 4 日，中国人民银行决定进一步引入做市商制度和询价交易机制，改变中间价的定价方式。

2005 年的汇率政策调整的成效之一是部分释放了前期积累的经济失衡压力。如果说 1994 年的汇率改革是一步到位的汇率调整，那么 2005 年的汇率改革则是一次没有完全到位的汇率调整。汇率改革后，人民币的单边升值压力得到了部分释放，经常账户和资本与金融账户顺差上升趋势放慢，通货膨胀率也有所放缓，但顺差、升值和通货膨胀压力仍在。中国人民银行先后通过发行央行票据和提高存款准备金率来对冲。升值预期持续存在的结果是刺激套利资金持续流入。央行票据发行和存款准备金率上调只是部分对冲了外汇储备增加造成的货币超发，从而导致国内价格特别是资产价格的过快上涨。

2008 年国际金融危机期间人民币汇率波动大幅缩窄，中断了 2005 年以来的汇率市场化进程。2005 年汇率改革以后，人民币汇率弹性扩大，呈稳步升值趋势，但始终没有升值到位。2008 年国际金融危机期间，人民币出现暂时的贬值压力，人民币汇率波动又一次大幅收窄。2008 年至 2010 年中，人民币兑美元汇率基本维持在同一水平。直到 2010 年 6 月 19 日，中国人民银行才又一次重申提高人民币汇率弹性。

汇率不灵活限制了宏观经济的自我调节能力。汇率该贬而不贬造成了通货紧缩效应，通货膨胀率逆转了前期的上涨趋势，大幅下降。实际利率大幅上涨，2008 年涨幅超过 7 个百分点，加大了企业融资成本。汇率未能发挥有效调节国际收支的作用，导致进出口下降过快。通货紧缩效应以及过高的实际利率加剧了经济下行压力和金融风险的积聚。在此背景下，中央推出了大规模的经济刺激计划。

经济刺激措施虽然缓解了需求端冲击，但加大了政府和企业的杠杆率。通货紧缩效应以及经济下行压力催生了大规模的政府投资计划。由于地方政府债券发行受限，很大一部分投资项目通过地方政府融资平台融资，加大了地方政府的隐性债务负担。同时，为了规避金融监管，许多银行将相关业务由表内转移至表外，或从表外转到非银行金融机构，催生了影子银行等问题。

2015 年汇率政策调整前，我国再次出现由汇率不灵活造成的经济失衡。2010 年 6 月 19 日，中国人民银行宣布进一步推进人民币汇率形成机制改革，再一次重申提高人民币汇率弹性，此后人民币步入了缓慢的升值通道。随后，中国人民银行分别于 2012 年 4 月 16 日、2014 年 3 月 17 日将银行间即期外汇市场人民币兑美元交易价浮动区间由 5‰扩大至 1%、2%。但管理下的人民币汇率并没有很快升值到位，升值预期持续存在导致套利资金持续流入。为避免人民币汇率迅速升值调整，中国人民银行不断进行干预，买入外汇，外汇储备不断增加，继而造成货币超发以及物价、资产价格快速上涨。从 2010 年中直至 2013 年中，即美联储宣布减缓量化宽松并造成缩减恐慌（Taper Tantrum）前，人民币兑美元汇率由 6.81 缓慢升值至 6.17。在此期间内，我国生产价格及房价快速上升，外资持续流入，外汇储备增加了约 1 万亿美元。

2014 年初外资流向逆转，贬值预期快速形成，但人民币兑美元汇率没有及时调整。随着 2013 年美联储宣布削减量化宽松，美元开始走强，全球流动性也进入紧缩通道。外资流入趋势逆转，人民币贬值预期开始形成，但人民币兑美元汇率又一次错过了及时调整的时间窗口。从 2014 年初至 2015 年 8 月 11 日的汇率改革前，人民币兑美元汇率一直稳定在 6.1～6.2 的水平，贬值压力逐渐积聚且得不到释放。贬值预期的持续存在导致资本加速外流。同一期间，由于中国人民银行抛出外汇储备干预外汇市场，外汇储备由升转降，导致银根被动收紧，生产者价格指数快速下跌，实际利率大幅上升，通货紧缩现象明

显。资产价格方面，股市在经历了一轮大幅上涨之后，于 2015
年 7 月开始大幅回调，股市剧烈震荡。值得指出的是，造成股
市震荡的原因众多，包括许多汇率和货币政策之外的因素，但
汇率不灵活造成的紧缩效应加大了股市下跌的概率。房价由于
前期涨势暂缓，得以保持相对平稳。

2015 年开始的一系列汇率政策调整使人民币贬值压力得以
释放，大大缓和了经济失衡。2015 年 8 月 11 日，中国人民银
行宣布调整人民币兑美元汇率中间价报价机制，做市商参考上
日银行间外汇市场收盘汇率，向中国外汇交易中心提供中间价
报价。① 2016 年 2 月，明确了人民币兑美元汇率中间价形成机
制，提高了汇率机制的规则性、透明度和市场化水平。② 2015

---

① 2015 年 8 月 11 日以来，为了反映市场的供求状况，在下调中间价、引导
人民币贬值的同时，还强调了以后在决定中间价时，将参考上日收盘汇率。另外，
为了加大参考一篮子货币的力度，以更好地保持人民币对一篮子货币基本稳定，中
国外汇交易中心（CFETS）于 2015 年 12 月 11 日开始发布显示人民币对由 13 个国
家和地区货币构成的货币篮子的价值"CFETS 人民币汇率指数"，以此作为一种
"一篮子货币汇率"。在此基础上，"收盘汇率＋一篮子货币汇率变化"这一中间价
形成机制逐步确立。

② 2017 年 5 月，为了适度对冲市场情绪的顺周期波动，中国人民银行将人民
币兑美元汇率中间价报价模型由原来的"收盘汇率＋一篮子货币汇率变化"调整
为"收盘汇率＋一篮子货币汇率变化＋逆周期因子"。"逆周期因子"指外汇中间
价的形成机制中一个可调节的部分。"逆周期系数"由各报价行根据经济基本面变
化、外汇市场顺周期程度等自行设定。

年8月11日一次性小幅汇率调整（约2%）启动了市场的调整过程，但由于低估了国际资本流动逆转的强度和汇率的高估程度，采取了一次性有限调整后守住新汇率水平的策略，不符合汇率超调的规律，导致外汇储备的大量消耗。2015年底以后中国人民银行采取措施引导汇率继续贬值，使人民币兑美元汇率于2015年底至2016年底逐步从6.45贬值至6.92。在贬值过程中，外汇管理明显加强，抑制了外汇流出，部分减轻了汇率调整的压力，但付出了市场化改革部分倒退的代价。贬值预期的释放有效缓解了前期经济失衡：生产者价格指数终于扭转了下降趋势，实际利率大幅下降，通货紧缩压力得到缓解；资本外流趋势明显放缓，外汇储备得以稳定；股市波动减小，房价则进入回升通道。

三次汇率政策调整都在不同程度上有效地释放了前期积累的经济失衡压力，缓解了危机带来的冲击。1994年的汇率改革有效地释放了汇率贬值预期，调整了经常账目逆差，逆转了资本外流压力，并增加了外汇储备积累，为应对1997年亚洲金融危机做了及时的铺垫。2005年的汇率政策调整部分释放了货币升值的压力，但由于一次性升值幅度有限且此后升值过于缓慢，贸易顺差和外资流入增长过快的压力没能从根本上缓解，直到2008年国际金融危机带来的外部冲击暂时逆转了升值压力。2013年以后国际资本流入的大潮开始消退，美元进入升值

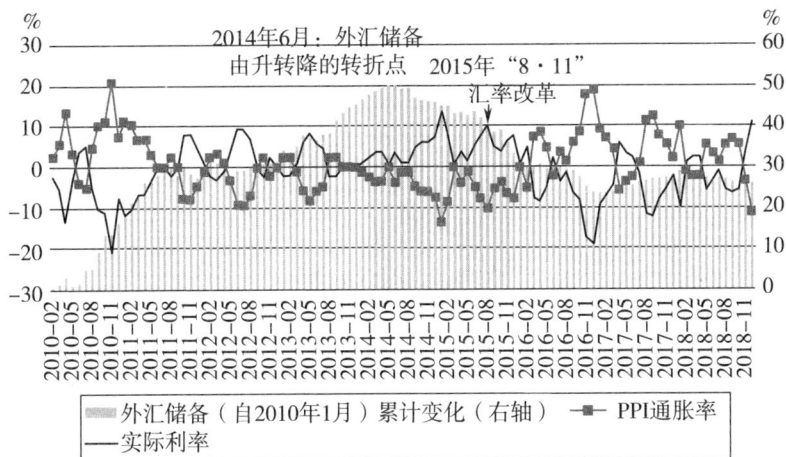

注：实际利率算法为名义借贷利率与 PPI 通胀率之差，主要反映生产者的融资成本。

**图 1 - 23  2015 年"8·11"汇率改革对 PPI 通胀率和实际利率的影响**

（资料来源：国际货币基金组织、国家统计局、彭博资讯以及 CEIC）

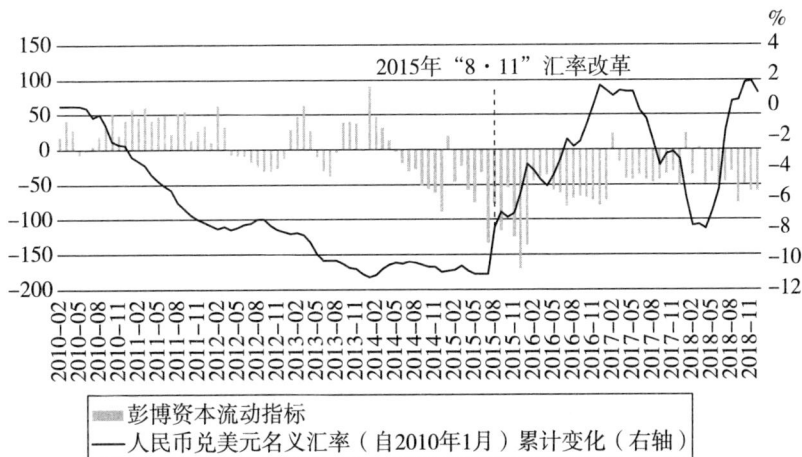

**图 1 - 24  2015 年"8·11"汇率改革对资本流动指标的影响**

（资料来源：国际货币基金组织、国家统计局、彭博资讯以及 CEIC）

45

**图1-25 2015年"8·11"汇率改革对股市价格的影响**

（资料来源：国际货币基金组织、国家统计局、彭博资讯以及CEIC）

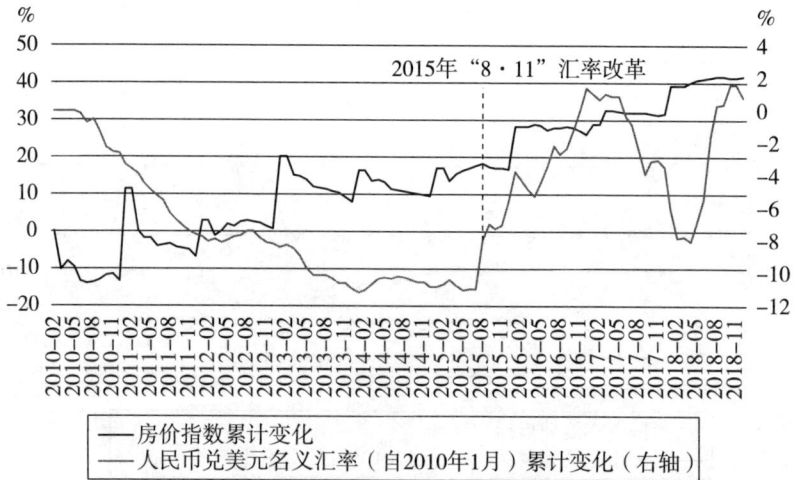

**图1-26 2015年"8·11"汇率改革对房价的影响**

（资料来源：国际货币基金组织、国家统计局、彭博资讯以及CEIC）

周期，人民币升值压力逐渐逆转为贬值压力。2015 年开始的一系列汇率政策调整释放了贬值压力，缓解了通货紧缩和资本外流压力，遏制了股市波动的进一步加剧。

三次汇率政策调整都说明均衡汇率不能主观判断，需由市场决定。1994 年的汇率改革之初，许多人认为人民币无法维持在 8.7 的并轨价格上，或将继续贬值。但并轨后人民币不贬反升，超出了许多人的预期。1994 年的汇率改革经历也说明，通过稳定汇率来保证信心的手段大可不必。在贬值压力下，稳定名义汇率不但不能增强信心，反而会加速资本外逃。2005 年汇率改革前，人民币面临单边升值压力，因此汇率改革初期人民币一次性升值了 2.1%。但事后证明，即便经过 2.1% 的一次性调整，人民币汇率仍未达到均衡水平，此后经历了长达近十年的有管理升值。2015 年汇率改革前，人民币汇率经过多年升值后稳定在 6.1～6.2 的水平。汇率改革后，人民币兑美元中间价形成机制进一步市场化，人民币兑美元汇率在三年内先后经历了贬值—干预—再贬值的寻找新均衡的过程，说明均衡汇率的具体水平难以靠政府主观判断或力挺。且均衡汇率本身并非固定不变，而是随着国内外经济和市场环境等众多因素的变化而不断调整的，只能由市场供需双方不断博弈才能在动态发展中发现和确认。

三次危机期间实施的汇率干预政策迟缓了宏观经济的自我

调节，其间接造成的经济、政策代价或被低估或被忽视。虽然危机期间的外汇干预措施减缓了名义汇率的波动，但并不能阻止实际汇率通过国内物价、实际利率和资产价格变动的方式自行调整，继而加剧了通货紧缩效应和系统性金融风险，为此采取的一系列救市和经济刺激的措施增加了中央和地方的财政压力和债务负担。但这一部分由于干预汇率所造成的代价往往容易被低估或忽视。

# 第五节　外汇干预不利于风险管理市场的正常发育和运作

一是可能形成多重汇率操作。根据国际货币基金组织的规定，成员国不能形成多重汇率操作①，如果外汇干预导致官方汇率严重高估，可能在国内出现一个平行的外汇交易市场，从而出现另一个不同的汇率。在中国"一国两制"的情况下，香港的人民币汇率也不能明显偏离上海的人民币汇率。如果这两种汇率的差距大于2%，就违反了国际货币基金组织的规定，需要纠正。因此，中国对汇率的干预还必须考虑我国作为国际货币基金组织成员国的义务。

二是外汇干预造成汇率高估或低估两种情况都不利于人民币国际化。如果汇率低估，市场会因为赌汇率升值而投机性地多持有人民币，造成人民币国际化的虚假强势，一旦升值预期逆转为贬值预期就可能形成贬值压力，导致人民币去国际化。

---

① 多重汇率操作（Multiple Currency Practices，MCP）指的是政府通过官方外汇交易、设立多重外汇市场、多重外汇税收政策、双边结算协议、外汇担保计划、进口储蓄要求等方式造成价差超过2%的多重汇率。

在汇率高估的情况下，中央银行为了减轻离岸市场对在岸市场造成的人民币贬值压力，就会采取措施减少离岸人民币的存量，本质上是通过推高离岸人民币的使用成本减缓离岸人民币的贬值压力，但以减少人民币的国际使用为代价。同时还可能使离岸人民币的高成本传导到在岸人民币，与在岸人民币的宏观经济形势所要求的更加宽松的货币政策立场相矛盾。因此，面对经常发生的国际资本流动的逆转或退潮现象，为了稳定对美元名义汇率这一并不合理的目标而采取的干预措施，会使国内以控制通货膨胀为目标的货币政策和人民币国际化这些更高的利益诉求受到周期性干扰。

三是对远期外汇交易的干预也不利于市场本身汇率风险管理能力的培育。我国自 2015 年以来两次引入远期外汇交易风险保证金要求①，通过加大远期外汇的交易成本有效减少了危机时期的购汇需求，减少了汇率贬值和资本外逃的压力。但每次这样做都使远期外汇交易量急剧萎缩，市场本身原有的汇率风险管理机制受到了损害。

---

① 中国人民银行于 2015 年 9 月和 2018 年 8 月两次要求金融机构按其远期售汇（含期权和掉期）签约额的 20% 交存外汇风险准备金，相当于让银行为应对未来可能出现的亏损而计提风险准备，通过价格传导抑制企业远期售汇的顺周期行为。

# 第六节　取消常态化干预初见成效

从 1997 年亚洲金融危机开始到 2015 年 12 月之前，我国汇率政策的特点是：在和平时期渐进调整和小幅波动，在危机时期则坚持不动，为此不惜大量抛售外汇储备并加强外汇管制。这与多数国家在危机时将汇率灵活调整作为吸收外部冲击减震器的做法正好相反。虽然从表面上看我们在多数情况下都大体守住了汇率，也可以说是一种成功，但如果我们把为此所付出的代价一并考虑，结论就很值得讨论了。

自 2016 年底以来，特别是 2020 年新冠肺炎疫情暴发后，中国人民银行总体上大大减少了对外汇市场的常态化干预，汇率虽有所贬值，但我国的资本流出在所有新兴市场国家中是最少的，外汇管制的压力也比 2015 年时小。外贸业绩好于多数经济体，货币政策适当放松时顾虑相对较小，国内通货紧缩压力也不如 2015 年时那么明显，初步显示出更加灵活的汇率政策的合理性和可行性。我们的实证结果表明，外汇干预的减少有助于汇率发挥其外部调节器的作用，缓解全球疫情对外贸和跨境资本流动带来的冲击。

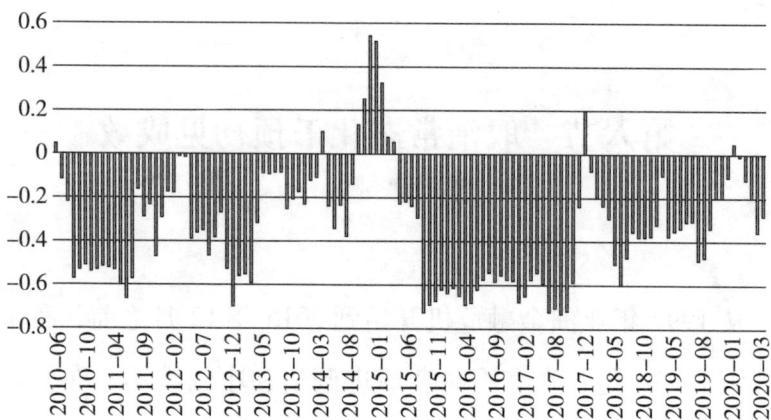

图1－27　2010年6月至2020年3月外汇储备变化

与人民币兑美元的相关系数（12个月滚动相关系数）

（资料来源：Haver Analytics 以及作者测算）

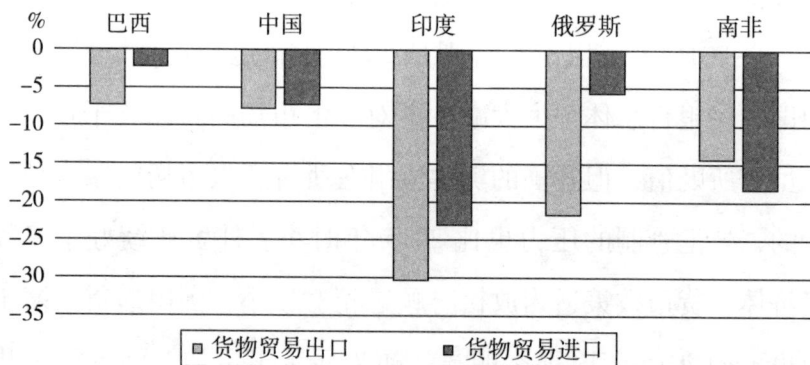

图1－28　2020年1—5月新兴市场国家货物贸易表现（同比）

（资料来源：Haver Analytics）

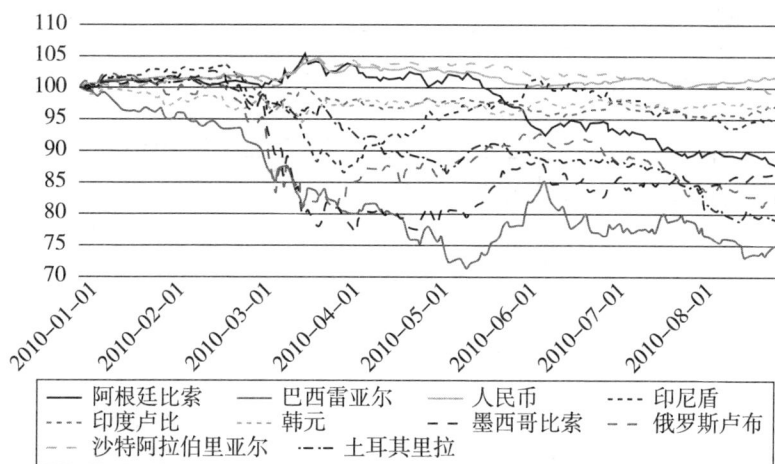

注：纵轴为名义有效汇率指数（Broad Index），2020 年 1 月 1 日指数为 100。指数上升代表货币相对一篮子货币升值。

**图 1-29 2020 年 1—8 月部分新兴市场国家汇率变化**

（资料来源：国际清算银行）

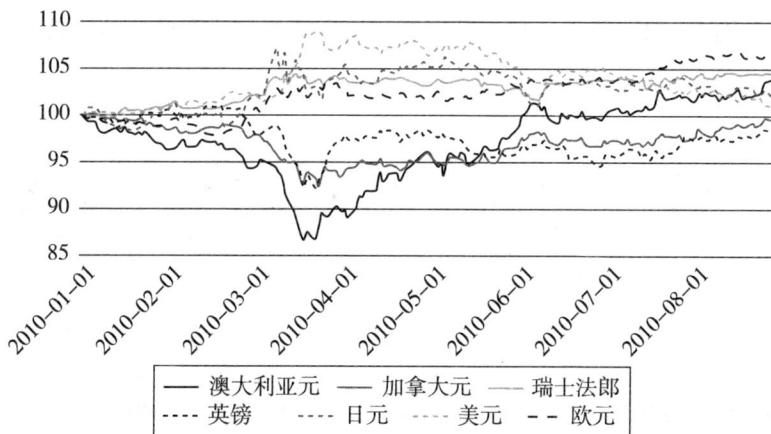

注：纵轴为名义有效汇率指数（Broad Index），2020 年 1 月 1 日指数为 100。指数上升代表货币相对一篮子货币升值。

**图 1-30 2020 年 1—8 月部分发达国家汇率变化**

（资料来源：国际清算银行）

10亿美元

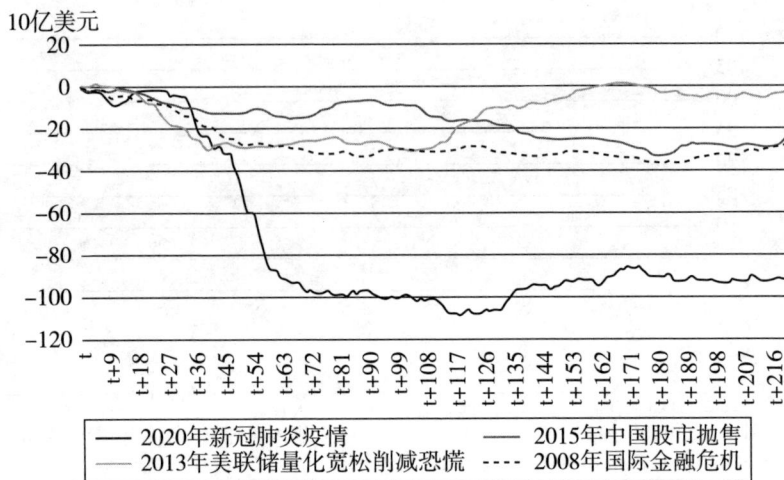

注：纵轴为由起始日期起非居民证券资金流动累计。2008 年国际金融危机、2013 年量化宽松削减恐慌、2015 年中国股市抛售及 2020 年新冠肺炎疫情对应的起始日期分别为 2008 年 9 月 8 日、2013 年 5 月 17 日、2015 年 7 月 26 日以及 2020 年 1 月 21 日。

**图 1-31　历次危机后新兴市场国家跨境证券资金流动比较**

10亿美元

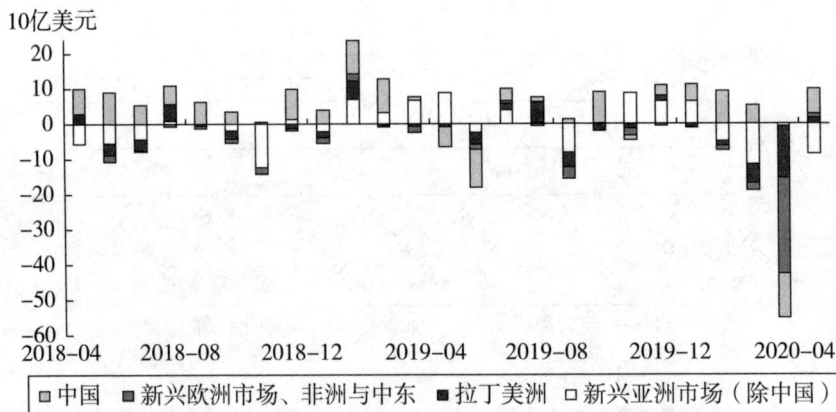

**图 1-32　新兴市场国家跨境证券资金流动**

（资料来源：国际金融协会、彭博资讯、国际清算银行及各国国家数据库）

# 第二章 夯实基础，
# 走向自由浮动

## ——成功的浮动汇率要求良好的货币与财政纪律

## 第一节 实现汇率浮动和币值稳定的统一

不断提升汇率灵活性一直是我国汇率制度改革的方向。1994 年的外汇体制改革实现了人民币汇率并轨。并轨后的人民币汇率，实行以市场供求为基础、单一的、有管理的浮动汇率制度。① 2005 年人民币汇率形成机制改革开始实行以市场供求为基础、参考一篮子货币进行调节、有管理的浮动汇率制度。人民币汇率不再盯住单一美元，形成更富弹性的人民币汇率机

---

① 《国务院关于进一步改革外汇管理体制的通知》（国发〔1993〕89 号）。

制。①2015 年的汇率改革推出"收盘汇率＋一篮子货币汇率变化"的新中间价定价机制，人民币汇率弹性和灵活性进一步增强。由此可见，不断推进人民币汇率形成机制改革，使其向着自由浮动汇率演变一直是我国市场化改革和开放过程中的一个重要努力方向。特别是 2016 年以来，货币当局逐步从外汇市场的日常干预中退出，汇率的弹性和灵活性明显增强。

更加灵活的汇率制度利大于弊。更加灵活的汇率制度可以对国际收支不断出现的失衡进行实时调整，这是针对经常账户和资本与金融账户全部国际收支的全面调整，能够适应资本与金融账户开放以后经常账户和资本与金融账户相互影响、需要对整个国际收支进行通盘调节的新形势，可以减少乃至避免外汇干预带来的宏观经济代价，避免对物价、实际利率、资产价格等国内重要经济变量造成扭曲的宏观经济风险。

当然，汇率自由浮动所造成的不确定性也有其自身的风险，绝大部分汇率波动风险都是正常的，可以用市场机制进行管理。极少的过度汇率波动可能造成本币恶性贬值、大幅通货膨胀、企业破产、资本外流等经济和金融危机，但这种情况的出现绝大多数情况下都不是灵活汇率本身的问题，而是国际国

① 中国人民银行公告〔2005〕第 16 号——中国人民银行关于完善人民币汇率形成机制改革的公告。

内宏观经济政策出现了重大失衡所造成的。在出现重大的宏观失衡并导致汇率出现明显贬值压力的情况下，人为保持汇率的稳定相当于以纸包火，除了延误救火并加重损失以外没有任何好处。在宏观经济治理比较成熟的国家，可以实现汇率灵活性和稳定性的统一，既有市场调节之下的灵活，又有在灵活基础上相对的、动态的稳定。

在现行国际货币体系下，没有一个国际通行的、像黄金一样的价值基准，不同国家的物价水平和经济周期等方面不可能一致。我国作为一个独立的大经济体，也不可能加入由另一种主要货币主导的货币区。在这种客观背景下，我们必须放弃保持双边名义汇率绝对稳定的幻想，采用浮动汇率制度，同时坚定不移地以稳健的货币政策和财政政策确保本国货币对一揽子主要商品购买力的基本稳定，这意味着中央银行要紧紧抓住物价稳定和金融稳定的目标不放松。

在灵活汇率体制下，汇率的稳定是相对的，即使相对稳定也不是干预出来的，更不是任何国家一厢情愿所能决定的。任何一国，只要不是以另一国货币为锚，都只能尽量使本国货币的实际购买力稳定，而不能保证与另一国货币比值的稳定。一国汇率的相对稳定归根结底取决于货币政策、财政政策、金融部门政策、结构性政策等是否稳健，取决于经常账户和资本与金融账户是否健康，取决于债务水平和债务结构（币种、期限）是否合理。这些因素是决定宏观经济能否抵御外部冲击的最重要考量，也是中长期决定汇率的最重要因素。与此同时，汇率还受到投资者情绪、资本流动、金融市场情绪等因素影响。

为将汇率波动对经济金融稳定造成的风险降至最低，建立完善的外汇衍生品市场也至关重要。外汇衍生品市场应具有足够的深度和广度，同时面向广泛的市场主体，从而使存在外汇风险敞口的市场参与者可以使用完备的工具和较低成本对冲汇率波动。同时，监管者应管理好外汇衍生品市场本身可能存在的风险，避免外汇衍生品市场本身大幅波动带来新的风险。

同时，汇率的合理均衡水平本身是可变的。汇率的合理均衡水平取决于两国在劳动生产率、货币和财政状况以及经济结构等方面的相对情况，还取决于跨境资本流动等关键变量，这些关键变量本身随时间和经济形势的变化而变化，难以实时观测。因此，均衡汇率本身无法被人类准确地主观判断，只能根据外汇市场的调整来间接判断。同时，汇率也分名义汇率和实际汇率。即使盯住名义汇率，也不可能同时盯住实际汇率。如果盯住实际汇率，必然放开名义汇率。想要同时盯住两者是不可实现的。因此，维护汇率在合理、均衡水平上的基本稳定，归根结底还是需要汇率水平由市场供求决定。

浮动汇率的好处在于规则明确，规则可由专家辅助决策部门制定，但把日常汇率水平的决定交给市场，政府的作用就是建设和管理好市场。汇率问题是个高度专业化的问题，但汇率政策的决定往往要由政治家作出，政治家可以在科学讨论的基础上决定汇率形成的制度和规则，但不可能经常性就具体的汇率水平作出决定。

应当在所有宏观经济部门和主要财经媒体普及市场导向的经济学分析方法。在全社会树立汇率由市场调节、对汇率浮动的风险要靠市场化的手段来管理的普遍意识。媒体和政府文件在宣传上要避免简单地把汇率升值或稳定视为成就、把汇率正常波动或贬值视为失误的错误导向，培养把汇率的正常波动视为常态、把汇率的异常稳定视为特例的平常心。双边名义汇率出现较大波动未必是坏事，在媒体宣传上要格外关注本币国内购买力、多边汇率和实际有效汇率是否相对稳定；双边名义汇率稳定也未必是好事，要警惕外国中央银行异常宽松的货币政策在稳定的名义汇率表象下导致人民币多边汇率或实际有效汇率静悄悄地大幅升值，从而造成贬值压力在不知不觉中不断积累。

根据国际清算银行公布的实际有效汇率数据，2014 年下半年美联储逐渐退出量化宽松政策以后，人民币实际有效汇率急剧升值，从 2014 年 7 月到 2015 年 7 月短短一年时间里，人民币实际有效汇率从 111.44 升值到 126.54，升值幅度高达

13.5%，名义汇率的稳定表象掩盖了贬值压力的迅速积累。

不同的汇率制度意味着一整套不同的宏观调控规则。选择人民币对美元名义双边汇率的稳定就意味着要接受国内物价和资产价格在美元流动性增加或减少时相应进行向上或向下的调整。而选择浮动汇率制度就意味着在美元流动性增加或减少时让汇率自动作出反应，由此必然对国内物价产生的影响需要由国内利率或货币政策作出更加及时并有针对性的调整。因此，在实行浮动汇率制度的同时必须对国内货币政策和利率进行更加及时和充分的调整。

## 专栏 2-1　汇率改革成败启示：
## 从国际经验看汇率走向自由浮动的基础条件

近年来，阿根廷、埃及、巴基斯坦等国经济遭遇困境，并申请了国际货币基金组织的贷款项目。根据国际货币基金组织的要求，贷款项目国在货币、财政、金融、结构性改革等多个方面需满足一定的改革要求，在汇率方面，需要项目国中央银行减少外汇干预，提升汇率灵活性。从项目结果看，埃及贷款项目非常成功，汇率虽在初期大幅贬值近50%，但埃及中央银行坚持不干预汇率，贬值后汇率保持稳定，并逐渐反弹近10%，助力埃及成功走向浮动汇率制度。

巴基斯坦项目仍在推进中，在项目启动前和项目初期，巴基斯坦卢比曾一度贬值约30%，但通货膨胀始终保持稳定，随着项目推进，汇率触底反弹，最终走向灵活浮动。与之相反，阿根廷项目实施情况不容乐观，项目中汇率大幅贬值超过40%引发恶性通货膨胀和巨额债务，阿根廷政府最终被迫进行外汇干预和严格的资本管制。那么，究竟是什么因素造成不同国家在汇率走向自由浮动的过程中产生不同的结果？汇率走向自由浮动需要具备哪些前提条件？结合上述国家的经验，我们认为，以下三点因素对成功的汇率改革至关重要。

一是公共债务水平尤其是外债水平可控。对比埃及和阿根廷的案例可以发现，这两个国家在项目初期都经历了汇率大幅贬值，但对经济的影响截然不同。埃及2016年10月到11月间货币大幅贬值50%，此后基本保持稳定，受此影响，通货膨胀水平在2016年底上升到30%，持续10个月后，在紧缩货币政策的作用下逐渐降至15%左右并保持基本稳定。埃及外债水平在新兴市场经济体中处于较低水平，公共部门外债占GDP的比重在2015年为7.8%，2016年货币大幅贬值后升至18%，仍处于可控区间。汇率贬值带动经常账户明显改善，经常账户逆差从2015/2016年的6%降到2018/2019

年的 2.6%，各项经济改革作用逐步显现，汇率也从 2019 年初开始稳步升值，到 2019 年底已升值约 8%。在此过程中，埃及中央银行一直未进行外汇干预，经济也始终平稳运行，最终，埃及通过改革成为区域内增长最快的国家，2019 年 GDP 增速达到 5.6%，成功走向了灵活浮动汇率制度。

与此同时，阿根廷在项目初期货币也经历了大幅贬值。阿根廷 2018 年 8 月到 9 月之间货币贬值 40%，受此影响，阿根廷 2018 年通货膨胀水平高达 47.6%，且居高不下。阿根廷公共债务中外债占比很高，货币贬值使阿根廷公共部门外债占 GDP 的比重从 2017 年的 40% 攀升至 2018 年的 65.7%，债务负担激增，大大抵消了灵活汇率制度在改善经常账户方面的好处。由于投资者对阿根廷偿债能力丧失信心，2019 年 7 月以来阿根廷比索继续贬值 40%，通货膨胀水平进一步升至 54%，并经历了大规模资本外流。阿根廷政府为了稳定经济，被迫进行大规模外汇干预和资本管制措施，汇率改革宣告失败。

由此可见，决定埃及和阿根廷项目成败的一个重要因素在于外债水平的差异。如果一国宏观经济过度依赖外债，则汇率贬值可能引发外债偿付能力危机，进而造成货币贬值—外债激增—资本外逃的恶性循环，而如果一国外债水平较低，则货币贬值虽然可能短时间内造成通货膨胀上行压力，但紧缩货币政策可最终降低通货膨胀水平并恢复市场信心，货币贬值对经常账户的改善将最终拉动经济增长。

二是改革前的汇率水平尽可能接近甚至略低于均衡水平（即过度贬值或超调）有助于改革平稳实施。相对于埃及和阿根廷，巴基斯坦的汇率改革相对更加稳妥。2017 年初以来，巴基斯坦卢比已经逐渐贬值30%，到 2019 年 7 月国际货币基金组织项目开始前已基本贬值到位。巴基斯坦中央银行宣布实行浮动汇率后，汇率很快开始触底回升，2019 年底时已较 2019 年 6 月低点升值约 6%。同时，2018 年通货膨胀水平约为 7.3%，依然可控。巴基斯坦公共外债也相对有限，货币贬值期间公共部门外债占 GDP 的比重从 2017 年的 18.5% 升至 2019 年的 24.4%，仍在可控区间。由于巴基斯坦汇率改革前汇率水平与基本面基本一致，放开汇率并未导致大幅贬值。巴基斯坦当局表示，巴基斯坦成功转向由市场决定的汇率制度是项目成功推进的最关键因素。在汇率走向浮动的同时，巴基斯坦中央银行实行紧缩货币政策，始终保持实际利率为正。与此同时，中央银行对持有到期的国债不再展期，避免了中央银行对财政融资，进一步确保紧缩的货币政策。这些举措有效抑制了通货膨胀，成功稳定了市场情绪，增加了外国投资者投资巴基斯坦金融资产的信心，中央银行外汇储备稳步上升。

三是汇率改革前国内美元化程度不能过高。阿根廷汇率改革失败的另一个原因是经济美元化程度居高不下，一些重要国民经济部门（尤其是油电等能源支付）的交易以美元计价，国债和外商投资也多用美元计价，甚至不少民众计算物价时的心理价位也是美元，从而导致汇率贬值直接传导至物价上涨。美元化程度过高严重削弱了紧缩货币政策的作用，导致货币政策在抑制通货膨胀方面效果不佳。事实上，尽管阿根廷当局采取了紧缩货币政策，但比索大幅贬值依然使阿根廷小企业的油电成本从企业利润的2%左右上升到15%，导致不少企业迅速破产。因此，对于拉美地区一些美元化程度较高的国家而言，去美元化是其走向浮动汇率的一个重要条件。

## 第二节　人民币汇率走向浮动的宏观和微观条件

在人民币汇率走向浮动的过程中，应完善宏观微观经济政策框架，确保汇率自由浮动但不失控，在灵活调整的同时保持相对稳定。

在更加灵活的汇率体制下保持汇率相对稳定，要避免宏观经济出现大的失衡和金融体系积累重大的风险。对汇率影响最大的宏观经济和金融体系的脆弱性主要体现为三个方面。一是对外部门失衡。包括持续大幅经常项目逆差、过度依赖短期资本流入和外币债务等。从历史经验看，对外部门失衡是造成新兴市场经济体金融动荡的常见原因，有可能造成投资者信心崩塌、资本流入逆转、汇率大幅贬值。二是财政失衡。财政失衡会造成巨额预算赤字和公共部门债务高企，挤出私人部门融资，政府债务的不可持续最终会导致货币增发和通货膨胀。当政府债务含有大量外债时，则会造成对外违约并对汇率产生贬值压力。三是金融部门和企业部门失衡。过度借用大量外债是对汇率稳定最大的威胁。在外部资本流入或经济过热时期，金融部门和企业部门信贷过度扩张，杠杆率上升，期限错配加剧。一旦国际金融环境收紧，资本流出，汇率贬值，则导致企业偿债能力下降、银行不良资产上升、资本充足率不足，引发金融危机和货币危机。

从国际经验可以看出，要想实现汇率走向灵活的过程中不失稳健性，一国宏观经济的健康稳定是最基础的要素。因此，在人民币汇率走向灵活浮动之前，有必要评估我国经济的整体稳健性。在这方面，我们在借鉴国际货币基金组织对一国经济稳健性和系统性风险评估方法的基础上，用两套指标评估目前我国宏观经济的健康状况。两套指标侧重不同视角，相互补充印证，更有助于反映我国宏观经济指标稳健性的全貌。

## 一、宏观经济脆弱性评估方法

这是一套脆弱性评估的量化分析方法。采用自上而下的方法，选择对外部门、公共部门、金融部门和公司部门四个部门的宏观经济重要指标，如经常账户逆差占 GDP 的比重、公共债务占 GDP 的比重、金融部门不良贷款率等。研究表明，这些重要指标对于预测一国两年后是否发生金融危机准确性较高（IMF，2007）。在借鉴了国际货币基金组织脆弱性评估的主要参考指标及安全阈值①的基础上，我们将中国 2018 年各项指标

---

① 如果一项指标在安全阈值以内，则该指标不会影响宏观经济的稳健性，如果一项指标在安全阈值以外，则该指标可能影响宏观经济稳定。

与安全阈值及其他新兴市场经济体平均水平进行了比较（见表
2-1）①。

表 2-1　中国宏观经济指标与安全阈值及其他新兴市场的对比

| 项目 | 安全阈值 | 2018 年中国数据 | 2018 年新兴市场中位数数据 | 权重 |
|---|---|---|---|---|
| 对外部门 | | | | 0.45 |
| 总外汇储备占 1 年之内到期外债与经常项目赤字之和的比重 | >101 | 242 | 145 | 0.24 |
| 经常账户顺差（占国内生产总值的比重） | >-2.7 | 0.9 | -2.7 | 0.25 |
| 外债（占国内生产总值的比重） | <32.8 | 13.3 | 60.8 | 0.05 |
| 外债（占出口的比重） | <216 | 70 | 172 | 0.26 |
| 实际有效汇率失衡（偏离均衡程度的比重） | 绝对值<6.4 | 0 | na | 0.2 |
| 公共部门 | | | | 0.25 |
| 财政盈余（占国内生产总值的比重） | >-3.6 | -2.7 | na | 0.2 |
| 扣除支付利息之外的财政盈余与其可持续水平的差（占国内生产总值的比重） | >-1.8 | -2.3 | -0.8 | 0.25 |

────────────

　　① 安全阈值的计算方法是最小化预测失误的概率，即最小化错过危机的概率（高于安全阈值却发生金融危机的次数除以总共发生危机的次数）和错误预警的概率（低于安全阈值但没有发生危机的次数除以总共未发生危机的次数）之和。由于发生危机的概率相对较低，这一做法确保了错过危机的伤害远大于错误预警的伤害。

续表

| 项目 | 安全阈值 | 2018年中国数据 | 2018年新兴市场中位数数据 | 权重 |
|------|---------|--------------|------------------------|------|
| 公共债务（占国内生产总值的比重） | <25.6 | 50.1 | 56.9 | 0.15 |
| 存在外汇风险敞口的公共债务（占GDP的比重） | <20.4 | 0.2 | 23.3 | 0.2 |
| 1年内即将到期的公共债务（占GDP的比重） | <10.5 | 7.2 | 8.4 | 0.2 |
| 金融部门 | | | | 0.15 |
| 资本充足率（%） | >12 | 14.2 | 16.5 | 0.22 |
| 资产回报率（%） | >0.2 | 1.3 | 1.54 | 0.21 |
| 不良贷款（占贷款总额的比重） | <4.9 | 1.8 | na | 0.2 |
| 信贷与GDP之比的年度变化 | <0.3 | −0.4 | na | 0.12 |
| 机构是否稳健的虚拟变量 | | | | 0.25 |
| 公司部门 | | | | 0.15 |
| 利息覆盖率 | >6.5 | 43 | 32.1 | |

资料来源：国际货币基金组织。

注：国际货币基金组织最近一次对外公布阈值是2007年，此后未对外公布。为便于全球比较，国际货币基金组织此次采集数据截至2018年8月。

一国宏观经济稳健性对汇率的影响首先体现在对外部门。对外部门对汇率的影响较为直接，经常账户和资本与金融账户状况会影响对一国和他国货币的相对需求，进而影响汇率。其次，公共部门、金融部门和公司部门对汇率的影响主要通过影响通货膨胀预期和外债违约概率来实现。一国公共部门债务过高，或者金融体系稳健性差、不良贷款率高，均可能引发投资者对通货膨胀的担忧，对汇率造成贬值压力。如果一国公共部门和公司部门外债高企，债务不可持续甚至外债违约，则可能引发资本流入骤停和大幅资本流出，引发汇率贬值。

总体来看，我国对外部门较为稳健。从外汇储备充足性的角度分析，我国当前外汇储备充足性约为安全阈值的 2.5 倍，约为新兴市场平均水平的 1.7 倍，较为稳健。不过，考虑到目前我国面临的外部环境有所恶化，不确定性上升，需做好极端情形下的应对准备。截至 2019 年末，我国外汇储备余额为 31079 亿美元，外资对我国直接投资余额为 29281 亿美元，证券投资余额为 13646 亿美元。我国 2019 年末经常项目顺差为 1775 亿美元。在极端情形下，我国现有的直接投资流出三分之一，证券投资流出二分之一，经常项目与 2019 年状况相近，则粗略计算，我国面临的国际收支逆差约 1.5 万亿美元，占我国外汇储备总量约一半。但考虑到我国外汇储备实际可用规模低于外汇储备总量，在极端情况下试图依靠外汇储备稳定汇率的做法并不可行。

从国际收支看，经常账户仍为顺差，好于新兴市场经济体平均水平（经常账户逆差占 GDP 的比重为 2.7%）。外债占

GDP 的比重仅为 13.3%，约为安全阈值的三分之一和新兴市场平均水平的五分之一。外债占出口比重也远低于安全阈值和新兴市场平均水平。在资本与金融账户方面，随着中国金融业逐渐开放，资本项下的资金流入流出规模逐渐上升，考虑到资本与金融账户往往波动较大，进一步加强对资本与金融账户的宏观审慎监管十分重要，尤其是资本大幅流入时更应提高警惕，因为很多国际收支危机始于资本流入。尽管资本流入初期会带来资产价格上升和经济繁荣，但国际资本是周期性波动的，未来的资本流出不可避免。

在新冠肺炎疫情背景下，如果国际上再现第二次世界大战以前部分国家采取以邻为壑的超级宽松货币政策，导致主要货币汇率贬值和大量低成本资本流入我国，我国也可考虑采取相应措施对资本流入的洪峰进行"削峰"处理，但不必通过直接外汇市场干预的方式买入大量外汇储备，而应通过宏观审慎管理措施加以实现。宏观审慎管理措施也符合国际货币基金组织关于资本流动的"机构观点"。

考虑到当前出口形势严峻、资本市场开放度提高等因素，我国对外部门总体依然稳健。如果要死守汇率，则潜在的脆弱性比指标显示的要高。但如果汇率灵活，则能充分发挥经济减震器的作用，降低资本流入流出对我国经济的压力。

公共部门方面，我国债务总量上升较快，但债务偿付依然稳健。近期，疫情应对大幅增加了中国的财政赤字和政府债务。国际货币基金组织最新数据显示，2020年增扩概念的财政赤字占GDP的比重将升至18.2%，较2019年上升约5.6个百分点。同时，2020年增扩概念的政府债务占GDP的比重也将从2019年的76%上升至92%，并且在中期内还将继续上升。需要指出的是，国际货币基金组织的增扩政府债务概念可能夸大了政府债务规模，因为它将中央政府明令不予承认的地方政府融资平台债务算成政府债务而非公司债务，而且也没有计算政府的净负债。但我们在此更需要说明的是，尽管杠杆率大幅上升一定程度上增加了公共部门脆弱性，但这不一定会导致汇率贬值。汇率是两种货币的比价，考虑到疫情期间主要国家纷纷推出财政刺激措施，杠杆率也在上升，单看我国杠杆率上升并不能得出人民币汇率贬值的结论。且中国经济复苏速度快，成为全球首先实现正增长的主要经济体，对人民币汇率形成一定支撑。同时，我国公共债务中外债和短期债务占比低，实际经济增速也高于实际利率，并且占GDP 43%左右的国内储蓄也多在国内进行投资，这些对公共财政都是积极的因素。

从外债和短期债务占比看，存在外汇敞口的公共债务仅占GDP的0.2%，远低于安全阈值20.4%和发展中国家的平均水平23.3%。同时，短期债务占GDP的比重亦低于安全阈值及其他发展中国家，债务流动性较为充裕。从债务偿付能力看，衡量一国债务可持续性的最重要指标是比较实际利率和实际经济增长率的大小。如果实际利率低于实际 GDP 增速，即使一国债务总量占 GDP 绝对数值较高，债务也是安全的。我国 2018 年公共部门利息支出占 GDP 的比重为 1.04%，低于新兴市场平均水平 2.7%。而我国实际 GDP 增速为 6.6%，高于新兴市场平均增速 3.2%。从这一角度讲，我国公共债务可持续性依然较高。此外，我国政府资产负债表资产端收入较高，政府资产净值仍然为正，2017 年（国际货币基金组织最近一次估计）我国政府资产净值占 GDP 的比重为 10.5%，资产端回报也可抵消部分债务压力。

金融部门整体稳健，各项指标均在安全阈值之内，但并非没有弱点。我国金融部门风险加权的资本充足率水平为 14.2%，高于《巴塞尔协议》规定的安全水平和国际货币基金组织计算的风险阈值，但低于发展中国家平均水平。金融部门资产回报率为 1.3%，高于 0.2% 的安全阈值，但略低于发展中国家平均水平。不良贷款比率为 1.8%，在安全阈值之内，另外，根据国际货币基金组织最新估计，受疫情纾困影响，2020 年上半年中国所有银行的不良贷款同比上升了 18%。不良资产率有所上升值得关注，但这又是一个现阶段各国普遍存在的现象，很难就此对汇率走势作出判断。

公司部门方面，我国公司部门外债占比很小，主要面临的问题是如何进一步提高国有企业改革成效。我国公司部门外债占 GDP 的比重仅为 1.4%，远小于国际平均水平。目前我国公司部门面临的主要问题是继续深化国有企业改革和僵尸企业处置。研究表明，我国国有企业 2010 年到 2017 年的资产回报率比同时期的私营企业低 7.5 个百分点，三分之一到四分之一的国有企业出现亏损，但一些亏损的国有企业由于补贴、监管宽容、政府关联等原因，一直没有退出市场（IMF，2020）。虽然中国国有企业杠杆率近年来有所企稳，但效率和公司治理改革仍有待提升，下一步应进一步落实"竞争中性"原则，提升国有企业改革绩效，健全市场化经营机制，提高核心竞争力。

## 二、系统性风险评估方法

近期，国际货币基金组织新构建了一套国别系统性风险评估方法。该方法采用自下而上的分析框架，选取了一套涵盖重要经济金融部门（如公共部门、银行部门、非银行金融机构、公司部门）和主要金融市场（如债券市场、股票市场、外汇市场和房地产市场）的量化指标，形成了评估一国系统性风险的量化指标体系。与上述脆弱性评估方法相比，系统性风险评估方法基于具体经济金融部门的数据，更关注各个部门的细分风险情况和数据走势，以便监管部门在发现风险苗头时及时采取措施，避免单个风险演化为系统性风险。

本书的研究在参考上述评估指标的基础上，通过横向对比、纵向对比和面板对比的方法，量化比较了中国和二十国集团（G20）国家在各相关领域的表现，在此基础上评估了我国面临的系统性风险并提出政策建议，数据对比详见表2-2。

表2-2　　中国系统性风险评估：纵向与横向对比

| 项目 | 中国 2018 年第四季度数值 | 横向对比：G20 国家 2018 年对比（100 表示风险最高） | 纵向对比：中国 2000—2018 年数据对比（100 表示风险最高） | 面板对比：G20 国家 2000—2018 年数据对比（100 表示风险最高） |
|---|---|---|---|---|
| 公共部门 | | | | |
| 政府部门总债务占 GDP 的比重（%） | 50.6 | 36 | 93 | 44 |
| 政府部门对外债务占政府部门全部债务的比重（%） | 3.6 | 6 | 95 | 2 |
| 政府部门实际对外债务的年化增速（%） | 41.8 | 96 | 77 | 96 |
| 金融部门 | | | | |
| 信贷占 GDP 的比重与其长期趋势值之差（%） | 4.3 | 63 | 36 | 58 |
| 存款机构资本占风险加权资产的比重（%） | 14.2 | 77 | 2 | 68 |

| 项目 | 中国 2018 年第四季度数值 | 横向对比：G20 国家 2018 年对比（100 表示风险最高） | 纵向对比：中国 2000—2018 年数据对比（100 表示风险最高） | 面板对比：G20 国家 2000—2018 年数据对比（100 表示风险最高） |
|---|---|---|---|---|
| 存款机构外汇净敞口占资本的比重（%） | 2.4 | 57 | 8 | 50 |
| 存款机构资产回报率（%） | 0.9 | 59 | 94 | 61 |
| 存款机构流动性资产占短期负债的比重（%） | 55.3 | 39 | 7 | 42 |
| 不良资产比率（%） | 1.8 | 44 | 95 | 32 |
| 根据 BuDA 模型计算非银机构三年内违约概率（基点） | 194.3 | 98 | 19 | 89 |
| 公司部门 | | | | |
| 公司部门对外债务占 GDP 的比重（%） | 1.4 | 4 | 53 | 0 |
| 根据 BuDA 模型计算上市公司三年内违约概率（基点） | 112.3 | 75 | 27 | 60 |
| 公司部门外债中的短期外债占比（%） | 34.5 | 83 | 53 | 73 |
| 公司部门外债的实际增长率（%） | 26.5 | 91 | 74 | 92 |
| 金融市场 | | | | |
| 10 年期国债收益率减 CPI 同比增长率（%） | 3.5 | 44 | 61 | 69 |

续表

| 项目 | 中国2018年第四季度数值 | 横向对比：G20国家2018年对比（100表示风险最高） | 纵向对比：中国2000—2018年数据对比（100表示风险最高） | 面板对比：G20国家2000—2018年数据对比（100表示风险最高） |
|---|---|---|---|---|
| 股票市场收益率的波动率（%） | 24.7 | 90 | 67 | 74 |
| 实际有效汇率升值（年化）（%） | −1.7 | 38 | 28 | 37 |
| 对美元汇率的波动率（%） | 4.6 | 23 | 98 | 27 |
| 房地产市场 | | | | |
| 剔除物价指数后的房地产价格增速（年化）（%） | −4.4 | 7 | 6 | 11 |
| 房价除以租金的比例（2008年标准化为100） | 135 | 77 | 85 | 93 |
| 房价除以收入的比例（2008年标准化为100） | 63.6 | 5 | 8 | 3 |

资料来源：国际货币基金组织。

注：横向对比所采用的方法是将中国2018年数据与G20国家2018年数据对比，将各个国家同一指标的数值从风险最低到风险最高排序，并找出分位数（比如分位数为20表示整个样本中有20%的国家风险低于该国）。纵向对比是将中国2000—2018年的季度数据自行对比，将不同季度同一指标的数值从风险最低到风险最高排序，并找出分位数。面板对比是将所有G20国家2000—2018年的季度数据进行对比，将不同国家不同季度同一指标的数值从风险最低到风险最高排序，并找出分位数。

总体来看，尚无指标显示我国已存在系统性风险，但一些局部风险值得关注和及时管控。

公共部门债务可控，但外债增长势头较快，值得警惕。政府债务占 GDP 的比重为 50.6%，这一数字高于 36% 的 G20 国家，仍处于国际较低水平。不过，与我国自身相比，这一数字已超过我国 93% 的历史时期，处于历史高位。从外债占比来看，目前政府债务中外债比重较小，低于 94% 的 G20 国家。值得指出的是，我国总外债中还有一部分是人民币外债，与外币外债相比，人民币外债的风险更加可控。不过，我国外债增长势头较快，外债增速在 G20 国家中处于领先水平，特别是在美欧国家纷纷步入零利率甚至负利率的背景下，应注意防控外债增速过快的风险，缓解今后利率提升时面临的大规模偿债压力。

金融部门尚无系统性风险，但金融机构违约概率较高，值得关注。我国 2018 年信贷占 GDP 的比重高于其长期趋势值 4.3 个百分点，高于 63% 的 G20 国家，但与自身相比较前些年已有所放缓，仅高于我国 36% 的历史时期。我国存款机构风险加权的资本充足率为 14.2%，高于《巴塞尔协议》规定的安全水平，但与国际水平相比仍处低位，仅高于 23% 的 G20 国家。存款机构的资产回报率为 0.9%，略低于国际平均水平，逊于 60% 的 G20 国家。不过，我国不良贷款、贷款拨备和流动性情况均好于国际平均水平。值得注意的是，根据 BuDA 模型计算出的我国金融机构违约概率远高于国际同行水平，非银金融机构违约概率仅好于 2% 的国家，信用风险值得关注。

实体部门和金融市场面临的金融风险相对低于金融部门，总体风险可控。在公司部门方面，公司部门对外债务占 GDP 的比重为 1.4%，远低于绝大多数 G20 国家的水平，但近年来实际增速很快，值得关注。在金融市场方面，债券市场实际收益率与国际平均水平基本相当；股票市场实际收益率远低于国际平均水平①，收益率的波动性较高；外汇市场近年来波动率有所提升，但仍远低于国际平均水平。在房地产市场方面，近期实际房价增速远低于国际平均水平，2018 年剔除物价指数后的全国房地产价格增速为 −4.4%，仅高于 G20 中的个别国家。与国际水平相比，我国近年来房价/租金比值增长速度较快，快于 G20 中的多数国家，但从房价/收入比来看，我国房价/收入比的增长速度仅高于 G20 中的少数国家。从全国来看，2018 年的房价/收入比仅相当于 2008 年的 63.6%。

需要注意的是，上述评估表明目前我国经济系统性风险不大，是在资本项目尚未完全开放的条件下实现的。在逐渐放开资本项目管制和结构性改革的过程中，汇率将会适时调整。最终汇率水平与当前水平可能存在一定距离，这一距离究竟有多

---

① 系统性风险评估方法中股票市场实际收益率的衡量方式是股票指数除以 CPI 指数的年化增长率，股票市场实际收益率越低意味着价格错配的风险越低。

大，目前仍存在不确定性。但需要指出的是，目前限制资本流出的政策也在一定程度上限制了资本流入。因此资本项目管制应逐渐放开，让汇率对资本流动的影响逐渐适应和调整。在逐渐放开资本项目管制的进程中，资本双向流动将成为常态，各经济部门的资产负债表和市场情绪的波动性都将增加，充分实现汇率灵活浮动并进一步提升国内金融体系的稳健性至关重要。

同时，评估一国系统性风险对汇率的影响时，应区分外币风险和本币风险。在本币风险中，有一部分风险可以由中央银行以货币化的方式解决。由于这部分风险最终可能引发汇率贬值，因此，在正常情况下应当避免。如果迫不得已，这种货币化的操作也最好在经济中具有通缩压力时进行。还有一部分风险需要通过国内资源再分配加以解决，但这种解决方式对一国的汇率影响不大。

汇率成功走向自由浮动需要货币政策具有"定力"。如前所述，本书所指的自由浮动并非放任不管，而是以严格自律的宏观经济政策为基础的浮动。新兴市场经济体汇率制度走向浮动的过程中，很多都伴随着货币大幅贬值甚至是货币危机。一个很重要的原因是这些国家国内失衡不断积累，到一定程度后导致汇率不得不被动大幅贬值，这并非理想的步入自由浮动的路径。为实现汇率灵活性和稳定性的统一，宏观经济管理部门要努力避免宏观经济出现大的失衡，这也对宏观管理部门自身履职提出了很高的要求。自由汇率下的宏观审慎管理核心有三项：管住货币发行、管住政府债务特别是净负债、管住外债总额包括短期外债规模，其他指标的重要性都视它们与上述三项指标的关联程度而定。而这三项指标中，最核心的就是管住货币发行。管住货币发行体现了货币政策的"定力"，也是货币政策独立性最核心的体现。这要求一国负责货币政策的机构不受其他利益部门的干扰，从国际经验看，发达国家往往通过法律和制度的方式确保货币政策的定力和独立性。

相对于世界上多数国家而言，我国目前宏观经济整体比较稳健，经济脆弱性较低，尤其是对外部门较为稳健。从中长期看，金融部门和公司部门存在的风险是否会转化为国际收支风险进而影响汇率，仍取决于深化改革的成效。同时，汇率是两国货币的比价，不仅取决于我国经济如何发展，也取决于美国、欧洲、日本等主要经济体的经济如何发展，我国经济固然有这样那样的问题，但这并不意味着人民币从中长期看一定会贬值，因为主要对手方的经济也有自身的问题，我国与其他国家的经济强弱对比是可能变化和转换的。也正是由于这种不确定性，试图通过人为干预而将汇率稳定在某一点位是不现实的，汇率最终只能由市场通过不断超调和试错来实现，任何持续的大规模干预都得不偿失。

　　值得指出的是，本章讨论汇率自由浮动的宏观微观条件，是希望汇率走向浮动后尽可能避免大幅的、剧烈的波动，但这并不是说没有良好的宏观微观基础汇率就不能浮动。事实上，即便一国经济基本面出现恶化，不再具备良好的宏观微观条件，但灵活的汇率仍然重要。因为经济基本面恶化会导致一国的国际收支出现严重失衡，灵活的汇率有助于迅速恢复国际收支的平衡，而僵化的汇率只会让国际收支失衡不断加剧。即使汇率放开后出现大幅贬值，也只是经济基本面恶化的结果而非原因，且在这种情况下汇率贬值有助于经济尽快恢复元气，从而实现长期经济增长。

# 第三节　实行浮动汇率应防止资产负债表效应

　　传统理论认为，汇率贬值通过收入效应和替代效应影响经济增长。汇率贬值的收入效应体现为，当汇率贬值带来总收入的提高，则能提高总需求，对经济增长产生扩张性效应，比如发展中国家实际汇率持续贬值有助于增加贸易部门收益，进而促进经济增长，使汇率贬值具有扩张性效应（Rodrik，2008）。与此同时，当汇率贬值不能提高社会总需求时，则对经济增长产生收缩效应。大幅的货币贬值甚至货币危机会导致收入分配发生变化，比如墨西哥货币危机在微观层面带来巨大的收入分配不平衡（Cravino 和 Levchenko，2017），从而将实际购买力转移给边际储蓄倾向较高的经济主体，导致储蓄增加和总需求下降，并在事后导致实际产出和进口下降（Krugman 和 Taylor，1978）。

　　汇率变动的替代效应在国际宏观经济学领域被称为支出的转换效应（Expenditure Switching Effect）（Engel，2002）。假设本国和外国的产品是不完全替代品，那么汇率升值将带来贸易条件（Terms of Trade）改善，即出口商品价格大于进口商品价格，使本国需求转向外国商品；反之，汇率贬值则使需求转向本国商品。因此，汇率贬值有助于刺激本国可贸易品部门。同时，可贸易品部门需求增加导致工资水平提高和劳动力从不可贸易品部门流向可贸易品部门，可贸易品部门就业水平会提高。

综上所述，传统理论认为汇率贬值有助于促进可贸易品部门发展，进而拉动经济（以下简称传统刺激渠道）。因此，当一国面临外部冲击并导致国际收支恶化时，汇率贬值往往可以发挥"缓冲器"作用，成为应对冲击的第一道防线。

一些近期研究表明，主导货币定价（Dominant Currency Pricing）有可能弱化汇率贬值对经济的刺激作用。在当前以美元为主导的国际货币体系下，给定其他国家之间的双边贸易都用美元计价，本币贬值不影响以美元计价的出口价格，进而弱化了汇率贬值对出口的刺激作用（IMF，2019）。在主导货币定价模式下，全球贸易规模更多受到美元币值的影响。美元贬值将会使美国和其他国家的进出口同时增加并带来全球贸易的扩张，而美元升值则使美国和其他国家的进出口同时减少并导致全球贸易的萎缩（Gopinath 等，2020）。

但这一研究结果只是说明从汇率变动到影响国际收支存在一个时滞，并没能否认灵活汇率在调节国际收支中的作用，我们甚至可以认为由于时滞的存在，汇率调整越及时越好。

还有一些研究表明，在某些条件下，汇率贬值的传统刺激渠道不仅在短期内作用有限，而且汇率贬值还可能通过资产负债表效应，对经济产生负面影响（Culiuc，2020）。资产负债表渠道作用机理是，当一国外币债务较高时，本国债务人的债务负担将由于货币贬值而增加，从而使其资产负债表净值缩减。资产负债表净值缩减将通过金融体系进一步放大，使其获得信贷的能力减少（Gertler 和 Bernanke，1989）。同时，由于一些国内银行也有外币债务，其放贷能力也会降低（Adrian 和 Shin，2014）。此外，持有该国本币债券的外国投资者资产也会缩水，进而导致其减持该国资产。上述渠道中的资产缩水、信贷可得性降低、银行放贷能力变差以及外国投资者减持本国资产造成的本国损失，可看作汇率贬值通过资产负债表渠道对一国经济造成的负面影响（Mendoza 和 Smith，2006；Mendoza，2010）。

汇率变动产生的资产负债表效应往往短时间内就能体现，而对进出口的刺激作用往往需要一定时间才能体现（Culiuc，2020），究其原因，一是由于美元作为主要出口产品的计价货币，本币贬值并不能直接传导至出口产品价格的变化，而是体现为出口商的收益，而出口商的收益传导为经济刺激仍需时间。二是理性预期，企业知道汇率会先超调，之后才逐渐恢复均衡水平，而均衡水平才决定企业在较长时期内的投资收益，因此企业会静观其变，延迟作出投资决策。三是由于资产负债表效应，即使出口企业愿意增加投资，但银行由于资产负债表渠道受损，其对企业的借贷意愿下降，影响出口企业的资金可得性。四是由于经济中存在黏性，劳动力等资源无法立刻转移至出口部门，从而导致汇率贬值对进出口的影响有一定的时滞。

对于外币债务高的国家，短期内汇率贬值通过资产负债表渠道对经济的负面影响往往幅度更大，而对经济的刺激作用幅度较小。资产负债表效应往往短时间内就能体现，而刺激效应往往需要一定时间才能体现，因此，在现行会计规则下，当汇率出现超调时，汇率通过资产负债表渠道对经济的负面影响往往取决于最低点的汇率，也就是超调时的汇率。而传统渠道中汇率对于经济的刺激作用则取决于汇率重新回归均衡时的汇率。因此，短期内，汇率通过资产负债表渠道对经济的负面影响往往更大，而汇率对经济的刺激作用较小。

中期内，汇率贬值对经济的影响仍是正面的。实证研究表明，汇率超调的程度主要受一国外汇储备、贸易开放度和外债规模的影响。储备越高，汇率超调程度越低；贸易开放度越高，汇率超调程度越低；外债越高，汇率超调程度越高。这一结论较符合直觉，一国外汇储备、贸易开放度和外债规模会影响投资者对其经济的信心，进而影响汇率初始贬值的幅度。实证研究同时表明，短期内，汇率贬值对经济的影响是负面的，主要是由于资产负债表渠道占了主导，但中期内，汇率贬值对经济的影响是正面的，此时汇率对经济的刺激作用占了主导。

综上所述，要想充分发挥灵活汇率制度作为"缓冲器"的作用，首先应使汇率及时调整，为汇率传导的时滞预留时间；其次应避免外债水平过高和明显币种错配。如果一国外债水平过高，存在明显币种错配，汇率波动特别是汇率贬值对经济的影响可能是负面远大于正面；如果一国外债规模有限，币种错配并不严重，那么，即使汇率出现大规模调整也不足为惧，这一结论进一步凸显了宏观审慎政策的重要意义。汇率贬值的负面影响往往通过金融部门的风险来放大，如果汇率大幅贬值伴随银行体系的危机，最终对经济的打击将是巨大的。因此，我国在走向汇率浮动的同时，应通过综合采取宏观微观等多种调控手段提升金融体系的稳定性，避免积累过多外币负债，防止大规模资产负债表效应的形成。

# 第四节 克服"浮动恐惧"的国别经验

新兴市场国家向来对实行浮动汇率制度有诸多顾虑，亦称"浮动恐惧"（Calvo 和 Reinhart，2002）。对于实行浮动汇率的恐惧主要来自以下几个原因：一是汇率波动会对外债敞口较大的企业带来风险，尤其是货币错配较严重的企业，金融脆弱性会因此加大。二是汇率波动会增加外贸企业的实际成本。三是汇率大幅波动会影响货币政策的实施，比如不利于通货膨胀目标制的实施。智利在过去 20 年中通过实行浮动汇率制度，逐步化解上述浮动恐惧，并有效提高了经济应对外部冲击的调节能力，主要体现在以下几个方面。

一是自由浮动汇率的实施促使国内企业逐步减少了美元债务比重，贸易企业使用外汇衍生品的比率也不断提高，据测算在 2017 年达到 60%（Albagli 等，2020）。外汇衍生品市场快速发展，20 年间市场规模增长了近十倍，有效缓解外债敞口和货币错配造成的风险。

二是浮动汇率的实施减少了货币政策的束缚，使智利中央银行能有效实行通货膨胀目标制，稳定通货膨胀预期。Albagli

等（2020）研究结果显示，实行浮动汇率后国外通货膨胀通过汇率向智利的传导不断减弱，进口价格及国内物价对汇率波动的敏感度持续下降，表明了中央银行可信度的不断提升。

三是灵活的汇率有效提高了智利应对宏观冲击的自我调节能力。Albagli 等（2020）通过对比智利在 1997 年亚洲金融危机及 2008 年国际金融危机后的复苏表现，发现浮动汇率的实施使智利在第二次金融危机后的复苏更为迅速。同时，跨国比较也显示，智利较其他新兴市场国家在后危机复苏方面表现更为优越。实证结果还显示，美联储货币政策及国际市场不确定性增大所产生的冲击对智利资产价格的绝大部分影响被汇率调整所吸收，展示了汇率的减震器作用。

# 第五节　克服汇率"超调恐惧"

对于汇率未完全浮动的国家而言，对浮动汇率的一个主要顾虑是存在汇率超调。这一观点认为，存在一个均衡的汇率水平，如果当前汇率水平高于（或低于）均衡汇率水平，即本币被高估（或低估），一旦允许汇率自由浮动，汇率将会大幅贬值（升值），且幅度会超过均衡汇率水平，出现汇率超调，而这种超调是不合理的，因此，中央银行应通过外汇干预避免汇率超调，或者直接一次性调整到位，人为将汇率设定在均衡汇率水平。在实践中，基于这种认识的市场干预很少成功。

事实上，汇率超调是寻找均衡汇率的必经之路。市场在从旧均衡向新均衡运动的过程中需要上下左右不断试错，均衡汇率只有在价格一次次上下波动中才能最终确定。汇率波动的过程本身就是价格不断探索、寻找均衡的过程，波动的方向肯定是趋于收敛而绝不可能发散。同时，均衡汇率不是一两家市场参与者决定的，也不是行政机关人为设定的，而是整个市场通过不断调整最终找到的。担心汇率超调的观点从本质上讲是希望用行政判断代替市场判断，用政府干预代替市场调节。

从汇率超调的理论基础看，汇率超调是由市场规律决定的。目前的汇率超调理论主要有两种：

第一种汇率超调理论最早由多恩布什（Dornbusch）于1976年提出。该理论认为，如果货币供给由于未预期到的某种原因出现永久性上升，假设经济中存在价格黏性，短期内产出也无法及时调整，那么经济中的利率将会下降，进而提升对货币的需求，从而使货币供给和货币需求相平衡。根据利率平价理论，如果一国利率相对于其他国家利率下降，投资者需要有货币升值的预期，否则将产生套利机会。货币供给的永久性上升将导致该国货币贬值（假设长期货币中性），因此，唯一的可能性就是汇率贬值的幅度要大到能产生升值预期的程度，从而产生升值预期，也即产生汇率超调。从更深层次讲，该理论认为汇率超调的实质是，如果慢变量不调（比如价格和产出短期内难以调整），则快变量（汇率）就得调整得更多（即超调），这样才能实现经济整体均衡。

第二种汇率超调理论将汇率看作一种资产价格，根据资产价格的泡沫理论，如果理性投资者认为其他投资者的信念是资产价格即将上升，则其自身交易方向也是买入资产，继续推动资产价格上升，即使此时资产价格已经偏离均衡水平。这种羊群效应和投机因素可能会推动资产价格形成泡沫，偏离均衡水平。

现有超调理论很难穷尽解释市场上存在的各种超调现象。但不论用哪种超调理论来解释,我们会发现汇率超调是市场价格发现的普遍规律。只有通过超调,市场投资者才能知道市场张力有多大,汇率超调越大,汇率向均衡水平回归的弹力也越大。从这一角度讲,浮动汇率的波动过程本身就是不断超调、不断价格发现的过程。有研究认为,理论上,中央银行的外汇干预无法消除汇率超调行为(Sergio,2007)。即使中央银行通过行政手段一次性将汇率调整到其所认为的长期均衡水平,这一水平很可能并不被市场所认可。均衡汇率是动态变化的连续函数,因此将汇率人为调整到恰好是均衡水平的概率几乎为零。

### 专栏2-2 为何联系汇率制度在香港特别行政区适用,但不适用于中国内地

港元与美元的联系汇率制度在过去三十多年表现良好,经受住了1987年股灾、1994—1995年墨西哥货币危机、1997年亚洲金融危机以及2008年国际金融危机等多重考验。一些观点认为,联系汇率制度减少了香港经济活动的不确定性,稳定了经济主体的信心和预期,内地也应学习香港的做法,保持汇率与美元稳定。但这一观点忽略了香港和内地在

价格灵活性、货币发行基础、与美国经济金融体系的联系等多方面存在的重大差异，这些差异决定了联系汇率制适用于香港，但并不适用于中国内地。

首先，如果没有汇率作为调节国际收支的自动稳定器，经济体内部的物价、劳动力、资本价格就只能根据资本流动周期来进行自动调节。2012—2015 年，香港特别行政区经济增速在 2% ~3% 之间低位徘徊，复苏前景不明朗。而美国经济自 2013 年起持续回暖，2015 年第三季度 GDP 同比增长 2.1%，已回升至危机前水平。但在联系汇率制度下，2015 年港元再度跟随美元被动升值，贸易竞争力受损。这导致 2016 年以来香港商品、楼市、股价都出现大幅调整，同时出现了公务员减薪和失业潮。香港作为小型经济体，对于价格短期内迅速向下的调整具有较强的承受力，但对于大型经济体而言，内地商品和资产价格的大幅向下波动则可能引发社会动荡，因此发挥灵活汇率作为经济自动稳定器的作用非常重要。

其次，中国内地和香港特别行政区的货币发行制度不同。港元是美元本位，以美元为储备发行。香港的联系汇率制度属于货币发行局制度，本质上是以美元作为发行本位的货币制度，发钞时需按 7.80 港元兑 1 美元的汇率向香港金融管理局提交等值美元作为发行港元的支撑。这一机制确定了港元和美元相挂钩的制度基础。但人民币并非以美元作为发行本位的货币，货币供给取决于国内的实际需求，而不是取决于外汇储备。与此同时，香港外汇储备相对于广义货币的规模也更大，更容易对固定汇率制度形成支撑。截至2019年末，香港外汇储备占M2的比重约为22.9%，是中国内地这一比重（10.9%）的两倍有余。

最后，美国在中国内地和香港的经济活动中所占比重不同，中国内地也不太可能走与美国经济一体化的发展道路。2020年前5个月，美国已降为东盟、欧盟之后的中国内地第三大贸易伙伴，中美贸易总值为1.29万亿元，占中国内地外贸总值的11.1%。从直接投资看，据中国商务部官方网站援引相关报告指出，2019年中国内地企业对美国直接投资已从54亿美元（折合人民币约386亿元）降至50亿美元（折合人民币约357亿元），创下十年来新低。因此，人民币汇率是否稳定，不能单看与美元的双边汇率，更应看与一篮子货币的多边汇率。

未来美国在我国对外贸易和投资中的比重可能进一步减小，我国对外经济的关联将更加多元化，人民币与美元挂钩缺乏经济基础。而香港特别行政区主要以金融服务业为主，与欧美的金融联系更加紧密，港元与美元挂钩的用意之一是保持国际投资者对香港与欧美金融体系接轨的信心。

　　渐进升值（贬值）的做法并不能防止超调，反而可能引起更大规模的超调，因为汇率长时间处于贬值或升值不到位的状态，在达到均衡前的每一个时点和价位上都额外产生了大量无风险套利的交易，推升了贬值或升值的势头。换言之，与汇率快速贬（升）值到位相比，缓慢贬（升）值使达到均衡点之前的每一个价位的交易量都大增。

　　汇率越是能够在日常不断调整，越有可能避免一次性大的纠正。如果中央银行经常通过人为干预保持汇率稳定，反而有可能使名义汇率和真实汇率的偏离程度不断积累，一旦需要立即放开汇率，大规模调整很可能难以避免。因此，要想避免汇率大幅波动，需要让汇率自由浮动成为常态，而不是隔较长一段时间才对汇率进行一次性较大幅度调整。即使在危机情况下，对市场的管理和干预时间也不宜过长，最好不超过一周，否则可能因失去很多有价值的市场信息而使失衡不断积累和放大。

# 第三章　用市场化方式管理
# 汇率浮动的相关风险

## ——发展和完善外汇衍生品市场

近年来，我国外汇衍生品市场取得了一定发展，但仍然是我国走向浮动汇率和资本市场进一步开放面临的一个重要短板。目前，我国外汇衍生品市场均为场外市场，场内市场仍是空白。从国际经验看，外汇期货市场在价格发现、流动性供给等方面发挥了不可忽视的作用，是现货及场外市场的重要补充，因此，本章将重点论述从无到有建立外汇期货市场的重要性，已存在的场外外汇衍生品市场将不再赘述。需要说明的是，本章提到的期货市场都具有期货市场集中、透明、产品标准化、参与主体多元化的特点，讨论重点是期货市场的本质特征和基于市场化的风险管理方法。至于期货市场落地的具体形式，可以结合国际经验有不同的设计，也可以采用不同的名称，比如日本的外汇保证金市场本质上也是外汇期货市场。这些不同的设计模式都可以为我国借鉴和吸收，具体如何落地仍需要结合我国实践进行探索。

# 第一节　建立外汇期货市场的国际经验

本节根据美国、日本等发达国家以及巴西、印度和俄罗斯等新兴市场大国的国别案例，梳理了关于建立外汇期货市场的国际经验。更详细的国别案例请参照附录二。

## 一、建立外汇衍生品市场的必要性

布雷顿森林体系解体及浮动汇率出现后，建立外汇衍生品市场就是一个必然结果。金本位体系解体后，浮动汇率的波动性催生了外汇风险的对冲需求。米尔顿·弗里德曼于1971年总结了发展在岸外汇期货市场对美国的重要性：促进对外贸易和投资，加强美国金融行业发展，降低跨境资本流动波动性，以及辅助货币政策的有效实施。

外汇衍生品市场的发展是一个国家经济实力发展到一定阶段的必然产物，发达国家有先行特殊优势。由于外汇风险管理需求与一国的经济规模和经济发展阶段紧密相关，外汇衍生品市场最早发展于美国、英国和日本等发达国家。以美国为例，其外汇衍生品市场的活跃基于几个关键的因素，包括美元的全球货币地位、美国金融业的开放度和发展水平以及美国的经济规模。首先，美元作为全球主要的贸易计价、结算以及金融资产计价货币，为美元外汇衍生品创造了天然的需求。其次，美国高度发达和开放的金融基础设施吸引了大量国际参与者。最后，美国庞大的经济规模及其全球关联性为外汇衍生品交易提供了扎实基础。

外汇衍生品市场也是新兴市场大国走向浮动汇率的必然产物。以巴西为例，1999 年 1 月，由于货币持续承受贬值压力，雷亚尔转向浮动汇率安排。放弃爬行钉住汇率制促使外汇期货交易出现持续增长的势头。1999—2008 年，巴西外汇期货交易量增长了十倍。印度在 1993 年实行管理浮动汇率制度之前的外汇衍生品交易可以忽略不计，但随着汇率灵活性的不断提升，印度的外汇衍生品市场日交易量如今已跃居世界前列。

**二、国际经验表明，外汇期货市场在价格发现、流动性供给等方面发挥了不可忽视的作用，是外汇市场的重要组成部分**

外汇市场由三大部分组成：现货市场、场外（OTC）市场和场内市场（通指外汇期货市场）。尽管场外市场规模庞大，但市场呈碎片化，主要由大量分散的双边交易组成，不利于价格发现。此外，双边交易高度依赖完善的信用体系，因此在信用体系发展程度不高的国家，场外市场容易限制中小企业及个人的参与。外汇期货市场作为单一最大的集中交易平台，具有高标准化、准入门槛低、高流动性、交易时间长、透明度强且监管完善等特点，具有场外市场所没有的优势。外汇期货市场和场外市场分别在短期标准化产品与远期定制化产品上具备差异化优势，展现了强大的互补性。此外，作为单一最大集中交易平台，外汇期货市场为场外市场提供了重要的价格参考及流动性补充功能。

### 三、审慎监管对于确保外汇衍生品市场的稳定性和可持续性至关重要

有效监管对于确保外汇衍生品市场的可持续发展非常重要。审慎监管可防范化解潜在的市场风险。风险包括信用（对手方）风险、流动性风险、市场风险以及运营风险。2008 年国际金融危机暴露了场外衍生品市场的风险漏洞，如对手方风险的过度积累、透明度不足以及一系列运营层面的缺陷。为了化解场外衍生品市场的风险顾虑，二十国集团领导人于 2009 年达成一项场外市场改革协议，旨在加强交易数据汇报，推广中央清算和标准化合约，对非中央清算的衍生品实施保证金要求，增加平台交易，以及加强跨境协调机制等。

## 专栏 3-1　外汇衍生品覆盖率的国际比较

外汇衍生品能在多大程度上缓解宏观经济的外部风险？总的来看，受外部风险影响较大的企业包括参与跨境贸易的企业和存在外债敞口的企业。为了评估外汇衍生品的宏观经济影响，我们将外汇衍生品的交易量与跨境贸易和资本流动进行比较，即"外汇衍生品覆盖率"。图 3-1 将各国的外汇衍生品日交易量与其贸易额及短期外债（月度平均值）进行了比较。可以看出，衍生品市场较为发达的美国和日本具有较高的覆盖率。即便与新兴市场国家相比，中国的外汇衍生品覆盖率仍旧较低。

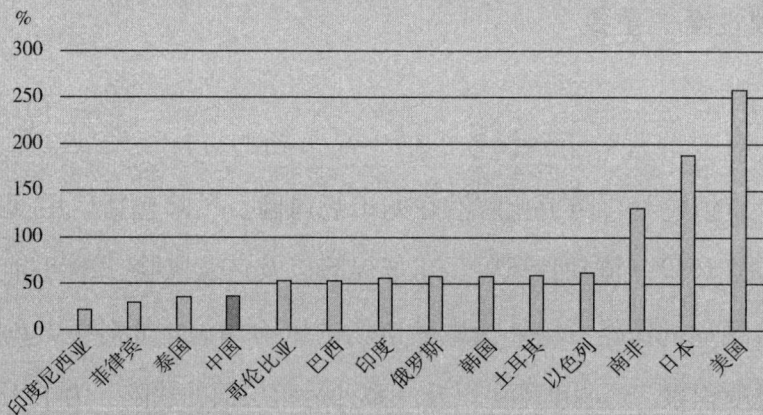

注：外汇衍生品覆盖率为外汇衍生品日交易量（所有工具）分别与进出口贸易额及短期外债（月均值）的比例。

### 图 3-1　各国外汇衍生品覆盖率（2019 年）

（资料来源：国际货币基金组织《国际金融统计》、国际清算银行以及工作人员计算）

从监管视角来看，以外汇期货主导的外汇衍生品市场有利于应对宏观金融风险。外汇期货的主导地位确保了大部分交易采取中央清算方式，有效降低了私人部门的对手方风险敞口。银行间外汇交易也需由交易所的清算机构结算，进一步降低了结算风险。[①] 香港外汇期货市场的交易是分散的，但信息是集中监测的。

虽然外汇衍生品市场干预的有效性和成本效益仍有待讨论，但巴西经验显示，在特殊时期和特殊情况下，衍生品市场干预可以成为一种潜在的政策工具选择。由于巴西拥有高流动性的外汇衍生品市场，巴西中央银行得以成为外汇衍生品市场干预的先行者。大量文献对巴西外汇干预的有效性进行了研究，但结论各不相同。Novaes 和 Olivera（2004）指出，在汇率波动剧烈时期，巴西的外汇干预并没有效果。而根据 Kohlscheen 和 Andrade（2014），巴西中央银行的外汇期货拍卖对日内汇率变化产生了重大影响。Nedeljkovic 和 Soborowski（2016）发现，现货市场干预与期货市场干预造成的影响惊人地相似。

---

① 更多细节参见《巴西的支付、清算和结算体系》，载《2011 年支付和结算系统委员会红皮书》，国际清算银行。

## 四、国际经验显示，建立在岸期货市场更符合国家长远利益

外汇干预和资本管制等因素可催生大规模的离岸市场。以印度为例，资本与金融账户管制是造成大规模离岸卢比交易的原因之一：受限的居民和非居民不得不使用离岸工具（如无本金交割远期）来管理外汇风险。

大规模的离岸外汇衍生品市场可能带来一系列政策挑战。首先，离岸市场的透明度和监管缺失可能导致金融风险不断累积，甚至会蔓延到国内市场。其次，分散的离岸市场可能降低价格发现的有效性，而且由于缺乏中央清算平台，在市场紧绷时容易受到恐慌和流动性限制的影响。最后，大规模的离岸交易增加了资本流动管理和外汇干预的难度，尤其是对于未完全实现资本账户可兑换的国家而言更是如此。

# 第二节　我国发展在岸外汇期货市场的
# 必要性和紧迫性

我国外汇干预的代价是清楚的，汇率体制走向更加灵活的方向是明确的，但在实践中往往难以始终如一地坚持贯彻，特别是在面临贬值压力时，从企业到地方及一些部门都可能发出反对的声音，最终导致决策层在众议之下选择以维稳为目标。从技术角度看，这种局面背后的一个重要原因是我们对外部门的汇率风险没有充分的市场对冲。

当前，我国外汇衍生品市场主要是银行间市场，包括远期、掉期、期权等。银行间外汇衍生品市场的主要优点是较为灵活，期限和产品能够更好地服务于需求多样化的客户。但它的主要问题是交易成本较高，因而将一些具有外汇对冲需求的企业（尤其是中小企业）拒之门外。虽然远期市场有电子交易平台，线上产品也可满足中小客户需求，但审核要求成本高，报价不公开，对客户端的统计不健全，中央银行也无法集中掌握。下一步，应进一步挖掘外汇远期市场的潜力，服务于更广泛的市场主体。

完善外汇远期市场的目标是推动建设外汇衍生品的集中交易平台。当前，我国的外汇远期产品交易主要集中在银行间市场以及银行零售柜台市场。前者类似于外汇远期产品的批发市场，后者类似于零售市场。由于我国外汇远期产品通过场外市场交易，且产品标准化程度低，外汇远期市场面临高成本、高门槛、流动性匮乏等问题，无法有效满足中小微企业的外汇风险管理需求。国际经验显示，外汇衍生品市场改革方向主要集中在加强交易数据汇报、推广中央清算和标准化合约、对非中央清算的衍生品实施保证金要求、增加平台交易等，其实质就是推动建设外汇衍生品的集中交易平台。

我国发展在岸外汇期货市场具有重要意义。

一是在岸外汇期货市场能为中小企业提供低成本的外汇风险管理工具，助其应对汇率波动风险。场外市场（银行间市场）主要面向大型机构提供定制化产品，竞争匮乏导致银行为中小企业服务的动力不足。外汇期货市场能够为中小企业提供标准化和低成本的对冲工具。中小企业是中国外贸主力军，因此其外汇风险管理具有重要宏观意义。2019 年前十个月，以中小企业为主体的民营企业出口增长 12.8%，占总体出口的比重为 51.3%。① 与其他新兴市场国家相比，中国的外汇衍生品覆

_____

① 资料来源：中国中小企业协会。

盖率依旧较低，其中反映了中小企业对冲难、对冲贵的现状。

二是在岸外汇期货市场可以构建成为单一最大的集中交易平台，是现有外汇市场的重要补充，能有效加强市场价格发现功能，提高流动性，完善产品供应。尽管现有的场外（银行间）市场规模庞大，但市场呈碎片化，由分散的双边交易组成，不利于价格发现。此外，双边交易高度依赖信用体系。虽然我国正在加快推动信用体系的建设，但整体发展水平仍相对落后，会对双边交易造成一定的制约。在岸外汇期货市场能构建成为单一最大的集中交易平台，可促进竞争，有助于价格发现，提高市场透明度，降低参与门槛，减少信用制约，并对风险集中管理等。国际经验表明，场内（期货）市场与场外市场分别在短期产品与远期产品上具有差异化优势，有较强的互补性，因此外汇期货市场是现有外汇市场的重要补充。

三是在岸外汇期货市场有助于投资者管理跨境投资风险，协助资本项目的有序开放。境外投资者在中国持有的债务和股票头寸近年来保持高速增长，从 2014 年的 2192 亿美元增长至 2018 年的 4448 亿美元，增幅超过 100%。即便如此，截至 2018 年底，外资在债券市场和股票市场的占比仅分别为 2.1% 和 3.5%[①]，增长的空间依旧巨大。由于我国在岸外汇衍生品市

---

[①] 资料来源：国家外汇管理局。

场发展相对落后，加上市场准入的限制，有很大一部分外资不得不依赖离岸衍生品市场进行汇率风险管理。资本项目的进一步开放将催生大量外汇风险管理需求。就满足跨境投资机构的对冲需求而言，外汇期货市场相比场外市场具有许多独特的优势，包括其价格发现功能、流动性、便利性、交易时间、交易成本以及市场透明度等。

四是在岸外汇期货市场能够与离岸市场形成有效竞争，防范化解离岸市场规模过大带来的监管挑战。近年来，离岸人民币期货交易呈快速增长势头，日交易量已超过 30 亿美元。国际经验表明，规模过大的离岸市场可能带来诸多监管挑战，如监管难度变大、定价权旁落、跨境资本流动波动性增强，以及资本流动管理的有效性减弱等。美国离岸市场 LIBOR 以及印度离岸市场的无本金交割远期外汇交易（NDF）带来的定价权旁落的经验教训值得我们认真研究和吸取。发展具有深度、高流动性的在岸市场符合我国的长期利益，可在服务实体经济的同时尽可能降低系统性风险及监管难度。

五是建设在岸外汇期货市场符合二十国集团的场外交易（OTC）改革议程，能够加强当局对外汇市场的监管能力。2008 年国际金融危机暴露了场外衍生品市场的脆弱性，包括对手方风险的过度积累、透明度不足以及一系列运营层面的缺陷。为了推动化解场外衍生品市场的风险顾虑，二十国集团领导人于 2009 年达成一项场外衍生品市场改革协议，旨在加强交易数据汇报、推广中央清算和标准化合约、对非中央清算的衍生品实施保证金要求、增加平台交易，以及加强跨境协调机制。建设在岸外汇期货市场有助于推动上述改革议程。

六是外汇期货市场可潜在提供额外的外汇市场干预工具，在特殊情况下减少直接动用外汇储备的压力。虽然外汇衍生品市场干预的有效性和成本效益仍有待讨论，但巴西经验显示，在特别时期和状况下，衍生品市场干预可以成为一种潜在的政策工具选择。当然，巴西经验也同时表明，与现货市场的直接干预一样，衍生品市场干预也要付出相应的代价。①

七是建设在岸外汇期货市场能够推进多层次外汇市场发展，为人民币国际化提供重要支持。国际经验显示，现货、场外及场内市场在外汇市场发展中呈现了重要互补性，满足了市场参与者的多元需求。外汇现货交易催生了外汇衍生品需求。场外衍生品市场针对参与者的特定需求提供了定制产品，虽然市场分散，但整体交易规模庞大。场内衍生品市场虽交易规模

---

①　比如在 2013—2015 年期间，巴西中央银行在衍生品市场开展了若干大规模干预行动，旨在缓解美联储削减恐慌造成的波动性，前后向市场出售了约 1150 亿美元的掉期合约。在干预行动的高峰期，巴西中央银行出售的掉期占未履行掉期合约的接近一半，成为市场的主要对手方。后来当这些持有的头寸出现亏损时，巴西中央银行不得不承担相应的代价。

较小，但作为外汇衍生品市场中最大单一市场，它提供了公开、高频的集中报价，提高了外汇市场的价格发现功能。此外，场内市场提供的标准化产品更具成本优势，更能满足中小参与者的外汇风险管理需求。推动发展由现货、场外、场内（期货）市场组成的多层次外汇市场体系对于全面覆盖人民币用户的风险管理需求至关重要，能有效加强人民币在国际市场中的竞争力。

# 第三节　建立外汇期货市场的实证研究：
# 稳定器还是风险源

近几十年来，许多发达国家的外汇期货市场已日趋成熟，巴西、俄罗斯、印度、南非等发展中国家近年来也相继建立了外汇期货市场。与此同时，其他一些发展中国家监管当局对外汇期货市场仍存疑虑，担心期货市场可能会加剧汇率波动。尤其是考虑到期货市场参与者的交易目的较为多元化，除了风险对冲之外，还可能有一些套利和投机性需求。外汇期货市场是否会成为风险源，放大现货市场的汇率波动？本节通过实证分析新兴市场经济体在推出外汇期货市场前后，所对应的外汇即期市场的变化，研究外汇期货市场的引入对汇率波动的影响。我们考察了印度、俄罗斯和南非建立外汇期货市场后对其外汇即期市场汇率波动的影响。①

---

①　巴西的情况比较特殊。巴西外汇期货市场于 1987 年推出，1994 年开始交易量迅速上升，但 1994 年巴西也正好推出了新货币雷亚尔，并于 1995 年 3 月开始实行交易区间制度。因此，巴西的汇率波动更多受货币和汇率制度变革的影响，外汇期货推出的影响相对有限，故本部分的样本中未包含巴西。

## 一、数据和方法

本部分研究的是外汇期货市场建立前后对即期外汇市场汇率波动的影响，因此准确选择外汇期货市场建立的时间节点非常重要。由于外汇期货市场刚刚建立时交易量有限，在时间节点的选择上，我们选取的是外汇期货市场交易量稳步上升的起点。根据这一原则，我们将印度、俄罗斯和南非的时间节点分别确定在 2009 年 1 月、2006 年 1 月和 2008 年 1 月。实证分析的时间区间横跨时间节点的前两年和后两年，前后两年的时间跨度恰好足够反映外汇期货交易对现货市场产生的影响，如果选择更长的时间，可能会增加更多干扰因素。对于印度和南非而言，样本区间正好涵盖 2008 年国际金融危机，考虑到危机期间的汇率波动和资本流动较正常时期均有所上升，为了剔除金融危机的影响，我们在稳健性检验中引入了金融危机的虚拟变量。

汇率的历史时间序列值来自彭博。我们分别使用美元—印度卢比、美元—俄罗斯卢布和美元—南非兰特的日收盘价。日间收益率的计算方法是将当日收盘价取对数再与前一日收盘价对数做一阶差分。在估计模型之前，我们使用 ADF 方法检验了每个序列的单位根属性。

在本部分的研究中，我们使用广义自回归条件异方差模型（GARCH）对期货市场建立前后的即期汇率波动性进行建模。GARCH 模型的设定如下：

$$y_t = v_t + \varepsilon_t$$
$$\sigma_t^2 = \alpha_0 + \alpha_1\, \varepsilon_{t-1}^2 + \beta\, \sigma_{t-1}^2$$

参数取值范围：

$$\alpha_0 > 0$$
$$\alpha_1 > 0$$
$$\beta \geqslant 0$$
$$\alpha_1 + \beta < 1$$

式中，$y_t$ 为日间收益率的对数，$v_t$ 为均值模型的截距项，$\varepsilon_t$ 为残差项。$\alpha_0$ 为方差方程的常数项，$\varepsilon_{t-1}^2$ 为上一期残差的平方，$\alpha_1$（ARCH 效应）表示市场上的新信息来源对汇率波动的影响，$\sigma_{t-1}^2$ 为滞后条件方差，$\beta$（GARCH 效应）衡量的是市场上旧信息对汇率波动的影响。根据 GARCH 模型，参数 $\alpha_0$、$\alpha_1$ 和 $\beta$ 应该大于零，否则条件方差为负值。为了保证条件方差的协方差平稳性，$\alpha_1$ 与 $\beta$ 之和应小于 1。

我们关注 $\alpha_1$ 与 $\beta$ 之和，两者之和越大，表明汇率波动性越大。我们还使用 GARCH 方程的无条件方差分析了印度货币市场的波动水平，该方差为 $\alpha_0$ 与 1 减去 $\alpha_1$ 及 $\beta_1$ 之和所得出差值的比率，具体表达式如下：

$$Var\varepsilon_t = \frac{\alpha_0}{1 - (\alpha_1 + \beta_1)}$$

## 二、实证结果与主要发现

实证研究表明，印度和南非建立外汇期货市场后，外汇即期市场的波动性有所减弱。俄罗斯建立外汇期货市场后，外汇即期市场的波动性前后相差不大，总体略有下降。由于篇幅所限，各国的统计检验数据和实证分析结果详见附录一。

因此，新兴市场建立外汇期货市场的实例表明，外汇期货市场并没有增加即期市场的波动性，并且在某些情况下反而有助于稳定即期市场。特别是在剔除了金融危机的影响之后，该结果更加明显。一个可能的原因是，期货市场更多元化的参与者（包括投机者）通过更有效的"低买高卖"，使汇率更快地回归其均衡水平，从而稳定了市场。因此，对于新兴市场国家而言，外汇期货市场的作用更像是稳定器，而非风险源。

# 第四节　从实需监管向市场导向的
# 风险监管转变

## 一、逐渐放宽实需原则

从中长期看，从我国进一步扩大开放的大方向和发达国家的实践经验看，目前的实需原则应逐渐过渡到市场主导的风险管理原则。逐渐放宽实需原则也符合我们进一步改善营商环境、降低无形交易成本的需要。

长期以来，实需原则在维护人民币汇率稳定方面发挥了重要作用，也有助于监管部门及时掌握实体部门以贸易为基础的用汇需求，为汇率和货币政策提供参考和依据。但近年来，随着人民币弹性增强、人民币国际化不断深化和实体部门外汇避险需求增强，实需原则的局限性也逐渐显现。从本质上看，远期或期货交易的风险源于未来的不确定性和杠杆的过度使用，而非源于非实需或投机交易。由于不确定性和违规过度使用杠杆的可能性，实需交易也可能面临风险，但这不能成为在大多数情况下不能使用期货交易的理由。国际通行做法不以实需原则来对期货市场参与者加以区分和限定。

一是实需原则有可能造成交易方向同质化，反而加大汇率单边波动的压力。目前我国外汇市场银行自营头寸明显低于代客头寸。当市场对汇率存在单边预期时，企业有可能选择推迟购汇或者结汇，而实需原则不允许非实需投资者进入外汇衍生品市场，最终结果很可能是市场上缺乏反向对手方，交易同质化较为严重，进而加剧外汇市场的顺周期波动。

二是实需原则制约了境内外汇市场的深度和流动性，影响在岸市场价格发现功能。在实需原则的约束下，在岸市场的衍生品交易规模只能随着监管者认定的跨境贸易和投资规模的扩大而增加，但随着人民币国际化进一步深化的要求，离岸市场中实需相对于非实需的交易规模将不断下降，如果境内在岸市场继续遵循实需原则，可能会进一步在价格发现、市场深度和效率等方面与离岸市场拉开差距，也对人民币国际化进程形成制约。

三是实需原则难以满足实体部门主动规避汇率风险的需要。如果出口商预计未来人民币将升值，可能希望提前锁定人民币兑美元汇率，进而据此作出投资决策，但考虑到作出投资计划到最终签署合同订单之间需要时间，企业目前可能无法提供证明未来将发生贸易和投资的有关材料，也就难以和银行签订衍生品协议，进而无法主动规避汇率风险。

四是实需交易也会掩盖投机行为，例如在汇率明显高估或低估时会出现夸大逆差的资本外逃或夸大顺差的资本流入。

从国际经验看，以实需原则管理期货市场效果不好。印度建立外汇期货市场之前，印度中央银行专门成立外汇期货工作组，对当时的实需监管原则是否适用进行了深入研究。研究结果表明，外汇期货从定义上看既包括对冲也包括投机，因此建立外汇期货市场需放宽实需原则，同时场外远期市场也需逐步有序放宽实需原则。印度中央银行听取了工作组的建议，于2008年修改了《外汇交易管理法》，允许印度本国机构和个人进入外汇期货市场进行非实需交易，并在市场建立初期设立非实需额度。但这种额度的局限性在于过于"一刀切"，效率低，可能出现设租寻租行为，即使在新兴市场国家也不多见。

为实现场内、场外外汇衍生品市场协调发展，场外外汇衍生品市场也需要逐步放宽实需原则，这也是把我国外汇衍生品市场做大做深的重要措施。考虑到外汇期货市场参与者同时也是远期、掉期、期权等现有实需监管下的外汇衍生品市场的重要参与者，现有实需原则也在很大程度上制约了这些市场的深度和流动性，因此场外外汇衍生品市场也需要逐步放宽乃至取消实需原则。从国际比较看，我国外汇市场（包含即期、远期、掉期和期权）发展的深度和流动性与我国的经济体量不成比例。2019 年末，我国外汇市场每日交易量与 GDP 之比仅为 0.009，远低于新加坡的 1.614、英国的 1.132、瑞士的 0.317、澳大利亚的 0.078、加拿大的 0.06、荷兰的 0.059、美国的 0.057 和日本的 0.056，等等，外汇衍生品市场的实需管理原则是制约我国外汇市场发展的重要因素之一。

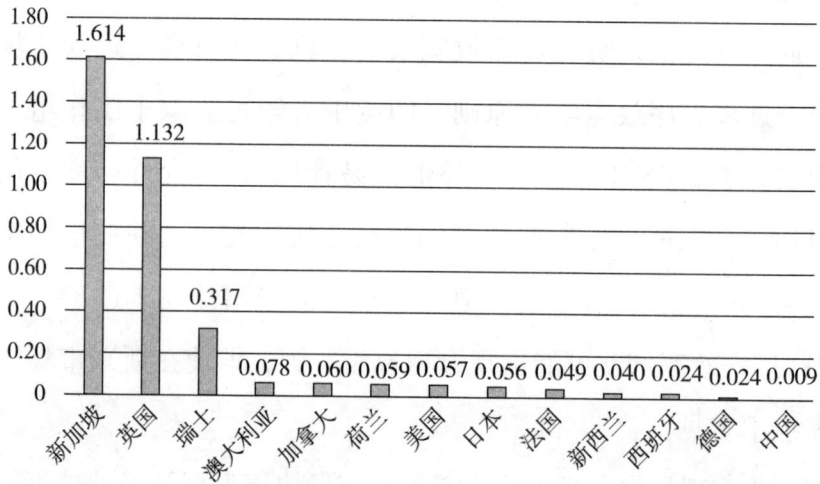

**图 3-2　2019 年末各国外汇市场（含即期和场外衍生品）每日交易量与 GDP 之比**

（资料来源：外汇市场日均换手率数据来源于国际清算银行每三年进行的外汇市场调查数据（2019 年版），外汇市场数据涵盖即期、远期、掉期及期权数据）

放宽实需原则、做大做深我国外汇市场，也有助于克服"超调恐惧"。实需原则限制了外汇衍生品市场参与者的交易目的，也因此限制了市场的深度和流动性，导致少数市场参与者的行为可能使市场价格出现剧烈变化。这也是我们惧怕出现外汇市场超调的重要原因。克服"超调恐惧"的一个重要措施是做大做深外汇市场。习近平总书记曾指出，中国经济是一片大海，而不是一个小池塘。狂风骤雨可以掀翻小池塘，但不能掀翻大海。下一步，应放宽直至取消实需原则，将我国外汇市场发展成与我国经济体量相称的"大海"。

放宽实需原则，允许多元化的市场参与者参与外汇衍生品市场，才能形成充分接近真实水平的均衡价格，这一价格对于判断汇率可能超调的边界具有十分重要的参考价值。一国阻碍外汇市场汇率接近真实均衡水平的因素主要有两个：一是有交易意愿的市场主体由于政策限制无法参与市场交易，二是非市场力量（比如中央银行外汇干预）扭曲了真实市场价格。在实需原则下，大量非实需交易需求无法在市场价格中得以体现，影响了外汇衍生品市场的价格发现功能。与场外外汇衍生品形成的价格相比，由于外汇期货市场参与者更多元化、中央银行干预更少、价格形成机制更高效，外汇期货市场的价格也更接近真实市场价格。这一价格将为决策者判断汇率超调的边界提供重要参考。

**专栏 3 - 2  以外汇期货市场为契机放宽实需原则：**

**印度的案例**

根据印度的《外汇管理法》（1999 年）和《印度储备银行修正法》（2006 年），任何外汇衍生品的交易都应基于实需原则，即经常账户或资本与金融账户上存在相关的基础交易，存在外汇风险敞口。

在外汇期货市场发展过程中，印度储备银行成立内部工作组并形成工作报告（印度储备银行外汇期货内部工作组的报告，2008），针对期货与投机之间的关系提出了政策建议。该报告认为，在期货市场建立后，实需原则需要调整，因为期货本身的目的既包含对冲也包含投机。该报告建议放宽外汇期货市场中对投机的限制，并逐步放宽场外市场的实需原则。

印度国家证券交易所于 2008 年 8 月开始外汇期货交易。印度为投资者设置了相对宽松的非实需额度：投资者在每家交易所持有的头寸只要不超出 1000 万美元的限额，便无需提供实需证明材料。从 2008 年 11 月到 2009 年 9 月，外汇现货和期货市场的买卖差价稳步下降，表明外汇期货市场建立后，现货市场的效率也不断提高。

表 3-1　　　　　印度外汇市场买卖差价变化

| 时间 | 外汇现货 | 外汇期货 |
| --- | --- | --- |
| 2008 - 11 | 0.0187 | 0.0086 |
| 2008 - 12 | 0.0175 | 0.0071 |
| 2009 - 01 | 0.0162 | 0.0047 |
| 2009 - 02 | 0.0121 | 0.0033 |
| 2009 - 03 | 0.0166 | 0.0044 |
| 2009 - 04 | 0.0139 | 0.0039 |
| 2009 - 05 | 0.0148 | 0.0038 |
| 2009 - 06 | 0.0126 | 0.0034 |
| 2009 - 07 | 0.0124 | 0.0032 |
| 2009 - 08 | 0.0115 | 0.0028 |
| 2009 - 09 | 0.0108 | 0.0029 |

　　外汇期货市场建立后，印度储备银行根据内部报告的建议，继续在外汇衍生品市场推行自由化措施。2015 年 3 月，将境内投资者和外国证券投资者在每家交易所持有的美元—印度卢比合约的非实需额度放宽至 1500 万美元。对于欧元—印度卢比、英镑—印度卢比和日元—印度卢比，则适用每家交易所 500 万美元的额度。只要不超出该额度，交易者便无需提供基础风险敞口的证据。因此，投资者通过三家交

易所（印度国家证券交易所、孟买证券交易所和印度大宗商品证券交易所）的总持仓非实需限额可达 6000 万美元。与此同时，印度储备银行不断放松行政审批要求，开始接受企业财务高管签署的承诺书，以取代法定的审计证明文件。2018 年 2 月，印度储备银行进一步将非实需额度提高至 1 亿美元，进一步提升了交易量，更好地满足了市场参与者多元化的交易需求。

因此，应尽快放开实需原则，允许交易目的的多元化。监管者遵循实需原则的一个考量因素是担心投机行为导致的汇率波动。

首先，非实需行为并不一定是投机，过于严格的实需原则有可能会限制一部分真实的用汇需求。定义和判断哪些行为属于投机非常困难。在现实中，银行负责审核企业客户的真实需求，对于一些难以提供证明的实际需求，银行审核尺度以及对于政策的理解和把握都存在一定的不确定性，因此，未获得银行许可的需求并非投机需求。同时，居民每年 5 万美元的换汇额度也可能难以满足部分群体出国留学、就医等正常需求。

其次，即使是投机行为，也是因为发现了市场的某种不完美所导致的套利机会，只要合理监管，就可以起到改善资源配置、避免市场单向交易和降低避险成本的作用。投机是对市场失衡的发现和利用，在允许充分竞争的条件下会减少乃至消除失衡。

　　弗里德曼指出，进出口商开展的实需交易是期货市场的重要组成部分，但只有实需交易的市场是不存在的，即使一国国际收支长期保持平衡，也不能保证短时期内的外汇收支和每一外汇币种的收支都能保持平衡，因此，除了实需者之外，市场还需要投资者来承担未平仓合约带来的市场风险（Milton Friedman，1953）。弗里德曼认为，由于外汇市场是有效的，消息灵通的投机者会在价格低于内在价值时买进，在价格高于内在价值时卖出，因而能够获利。不知情的投机者反其道而行之，将会蒙受损失。因此，投机者不会影响市场稳定，反而有助于市场价格趋于平稳，降低单向交易对市场的冲击。而投机交易越活跃，交易量就越大，进出口企业的避险操作就越容易，避险成本也会因此降低。同时，期货市场还有一个间接影响，即投资者利用现货和期货市场价格之差而改变现货市场的持有量，这些情形大多有助于保持现货市场稳定。

　　另一些研究也发现，当流动性需求发生变化时，投机者的存在可以稳定市场，因为投机者预期到汇率终将回归均衡，投机者就会采取反向措施，从而降低汇率变化的幅度（Carlson 和 Osler，2000）。

　　与此同时，一些学者认为投机有可能会放大风险。克鲁格曼指出，有些投机者不愿花时间来评估汇率是否符合长期基本面，而是花费更多精力来预测其他投资者的看法，而这会导致市场剧烈波动（Paul Krugman，1989）。但克鲁格曼只是说投机者在一定条件下加大市场波动，但不能否认这种波动的结果是收敛而不是发散的。还有观点认为，投机者并不总是"低买高卖"，相反，投机者会在升值概率高的时候买进，而在这种情况下的价格可高可低（Hart 和 Kreps，1986）。但这种观点也只是说，均衡价格本身的变动可能大得超过一般人的预期，投机者是对均衡价格变动最敏感的人，也是市场中为试错而承担最大风险的人。虽然从理论文献看，投机对市场波动的影响存在不确定性，但没有人能明确区分纯粹的投机者和有投机心理的实需者，因此有投机者存在的市场实际上属于正常的市场，投机对市场的影响更多地要看各国具体国情和监管实践。我们前文已通过实证分析，研究了金砖国家建立外汇期货市场对现货市场波动的影响。

最后，即使投机行为导致汇率波动性上升，市场参与者也可以充分利用风险对冲工具管理和分散风险。监管者对汇率波动的担忧之一是，汇率波动导致进出口商的利润以及有外债风险敞口的企业受到冲击，出现倒闭和失业，进而影响贸易、经济增长乃至社会稳定。但如果进出口商可以有效通过风险对冲工具对冲汇率波动带来的收益变化，企业也可以用外汇衍生品对冲外债敞口，则汇率波动对企业的不利影响将大幅减弱。此时，汇率波动的影响由对市场判断相反的实体企业和投机者分担，即使是付出代价的企业，也是花钱买了保险，买一个确定性。而投机者对风险的承受能力本来就很强。即使企业由于汇率波动过大而可能倒闭，政府可以对重要企业注资重组，对不重要企业则允许倒闭，用社会保障制度为失业人员兜底。这个代价，要比干预外汇市场，人为维护汇率稳定而导致的宏观经济失衡代价小得多。在有汇率风险对冲工具的条件下，即使汇率波动有所上升，对经济的影响也是有限且可控的。

从国际经验看，期货市场的集中化、透明化的特点决定了它有利于对投机的监测和管理，适度监管下的投机有助于提升期货市场的价格发现功能。外汇期货市场的优势之一就是在一个集中管理的平台上兼容参与者和交易目的更加多元化，因此既能提供更加全面和准确的价格发现功能，也便于全面、及时和准确地防范风险。

就参与者而言，印度、巴西、南非乃至中国香港等国家和地区的外汇期货市场都允许不同类型的投资者进入，包括个人、企业、银行、其他金融机构、境内机构投资者（对冲基金等）以及境外机构投资者①，从而避免了参与者结构单一和交

---

① 印度外汇期货市场成立之初不允许境外机构参与，但后期允许境外机构投资者和个人通过授权的经纪银行参与外汇期货交易。

易行为同质化的问题。就交易目的而言，对冲和投机都是外汇期货市场的重要组成部分，适度投机有助于提高市场流动性和价格发现功能。期货市场的主要风险在于高杠杆融资引发个体和系统性风险，因此关键问题在于控制杠杆率和系统重要性金融机构的连带风险。

因此，不论是对于外汇期货市场还是其他外汇衍生品市场来说，都应尽快放宽并最终完全放弃实需原则，可考虑用实名制代替实需制。只要交易信息透明、可追溯，同时配合风险导向的现代化监管方式，更具深度和广度的外汇衍生品市场将有助于更好防范化解风险，克服"超调恐惧"。

## 二、建立风险导向的市场化现代监管方式

从国际经验看，绝大多数发达国家已经放开实需原则，允许投机者进入外汇期货市场，只有部分发展中国家仅对部分市场保留一定的实需原则。对于已放开实需原则的国家而言，为妥善管控外汇期货市场自身可能出现的风险，监管者并非通过限制交易目的、禁止投机等方式，而是采取控制杠杆率（最低保证金比例）、每日价格最大波动限制、限制期货交易者从银行的融资额度或设置最高非实需额度（超出这一额度时需要提供实际需求证明）等措施管理期货市场自身的风险。从交割方

式上看，差额交割和本币结算的方式能最大限度地降低期货市场可能的波动，也有助于突破外汇储备对外汇干预的硬约束。

（一）杠杆率（最低保证金）

保证金交易的目的在于覆盖期货合约价值波动，同时调节期货交易的杠杆倍数。过低的保证金比例可能造成风险被加倍放大，而过高的保证金比例则可能增加交易者的成本，影响交易的积极性和活跃性，降低市场流动性。国际货币基金组织货币与资本市场部专家建议，新兴市场经济体的最低保证金比例应设为5%～10%，即将外汇期货交易的杠杆率控制在10～20倍之间。

鉴于此，在期货市场成立的初始阶段，为实现风险控制和交易成本两者的平衡，初始保证金比例可定为5%，即允许20倍杠杆，少数风险等级较高的客户或具体交易可定为10%，允许10倍杠杆，并根据市场流动性和情况及时调整。从国际经验看，较为成熟的期货市场保证金比例多低于5%。比如芝加哥期货交易所不同人民币期货产品的保证金比例在1.5%～2.4%之间，香港交易所美元兑人民币期货保证金比例为2%，新加坡交易所美元兑人民币期货保证金比例约为1%，这些经验可为市场逐渐走向成熟后设定保证金比例提供参考。

（二）对保证金来源给予限定和头寸比例限制

基于对很多风险案例的分析，我们认为可考虑对市场参与者的保证金规模给予限定并设置头寸比例限制，以防范潜在风险。

为避免投资者通过借钱缴纳保证金，降低系统性金融风险，可对个人和机构交易者的保证金占其净金融资产的比例进行限制，在尽可能满足外汇对冲需求的同时降低保证金损失的连带风险，保证金占个人或机构净金融资产比例上限可设置不同档，每档对应不同的净金融资产规模和业务的外向型程度。

为防范潜在的市场操纵行为，避免出现持仓过于集中的状况，可针对参与者实施头寸比例限制。比如印度将市场参加者和会员的最大头寸分别设为市场未平仓合约总规模的 6% 及 15%。我国也可根据市场调查结果设定相应的头寸限制比例，超出该比例即触发预警。最大头寸比例可随市场参与者数量、市场深度和流动性的增加而动态调整。

（三）结算币种和交割方式

目前，国际上主要外汇期货的交割方式有现金交割和实物交割两种①。现金交割与实物交割各有优缺点。实物交割能够满足投资者经营过程中实际兑换货币的需求，且相对于现金交割更有助于实现风险的完全对冲。而现金交割符合一些资

---

① 实物交割是指期货合约的买卖双方于合约到期时，将期货合约标的的所有权进行转移；而现金交割则是指进行交割时以结算价格计算未平仓合约的盈亏，并以现金支付，不涉及实物所有权的转移。

本项目未完全开放国家的外汇管理需求，也更加适用于没有货币兑换需求的套利者或投机者，且能够直接杜绝期权卖方因持有货币不足而产生无法交割的现象。同时，现金交割的程序相对简单，只需计算多空双方的盈亏并以本币支付盈利或亏损即可。此外，由于现金交割是净额交割，一定程度上降低了交易成本，有利于尽快减少套利机会，减少监管设租寻租的可能。

从国际经验看，资本账户实现自由兑换的国家，外汇期货交易多采取实物交割方式；资本账户未实现自由兑换的国家，外汇期货交易多采取现金交割方式。

为了适应我国现行的外汇管理规定，现金交割和本币结算是更为可行的交割方式。按照当前外汇管理规定，我国个人和机构只能在事先规定的业务与经营范围内开立并使用外汇账户，除直系亲属外，不同个人外汇账户之间的资金不能随意划转。这意味着我国期货市场目前无法以外币计价和结算。本币结算、现金交割的方式也有助于降低风险，有助于避免对资本项目开放和跨境资本流动形成压力。同时，外汇期货市场的交易结算方式应与我国资本项目开放的步伐相匹配。随着我国资本项目可兑换程度不断提高，交割方式也应相应作出调整。

（四）每日价格最大波动限制

关于是否设置每日价格最大波动限制，理论界一直存在两派不同观点。一派认为期货市场交易的核心作用之一是价格发现，而设置涨跌停板制度会影响这一作用的发挥；另一派则从风控角度出发，认为最大波动限制有助于抑制投资者在突发事件与极端市场环境下的非理性行为。从国际经验看，美国、日本等发达国家以及波兰、土耳其、南非、阿根廷等国均未对外汇期货合约交易设置价格波幅限制。印度对存续期不同的合约设置了不同的最大波幅限制，其中存续期在 6 个月以内的合约，由于流动性强，允许其价格在基础价上下 3% 的范围内波动，而存续期超过 6 个月的合约，则允许其有更大的波动范围，即基础价上下的 5%。匈牙利布达佩斯证券交易所也设置了基于汇率本身绝对价（而非一定比例）的每日最大波动幅度。从境外交易所推出的美元兑人民币期货来看，芝加哥期货交易所、新加坡交易所与香港交易所推出的人民币外汇期货均不设置价格的最大波动限制。

在我国对现汇市场不进行常态化干预的情况下，没有必要对期货市场每日最大波幅公开设限，以避免人为设限反而诱导投机和攻击，并易造成离岸和在岸价差。只要在期货市场准入政策中明确规定保留中央银行的干预手段和干预能力，就足以应对极端市场环境下的非理性行为。

除上述措施外，在汇率大幅波动时期，中央银行还可以通过多种措施抑制投机，维护金融稳定，比如印度中央银行在

2011—2012 年卢比危机时曾采取降低持仓额度、限制银行在外汇期货市场和场外市场进行套利等多种措施抑制投机。最近受新冠肺炎疫情影响多国限制卖空、智利动乱时一度干预外汇市场，都是临时措施。

（五）发挥中央银行和监管当局的作用

在监管外汇期货市场自身风险时，涉及不同监管部门之间的协调问题。外汇期货市场的性质决定了它需受到中央银行和证监会的共同监管。外汇期货市场的标的物是汇率，而中央银行是制定汇率政策的主要机构，有责任监管外汇及外汇衍生品市场的发展，确保市场平稳运行。同时，外汇期货市场属于场内市场，市场主体的交易行为和交易系统由证监会负责规范和监管。因此，外汇期货市场的监管离不开中央银行和证监会的协调合作。从国际上看，外汇期货市场的监管需由两个机构共同协调完成。

对国际经验加以总结可以看出，应由中央银行负责制定并及时调整市场准入资格，获得真实交易者及其融资来源等信息。中央银行在市场管理规定中应明确中央银行可以会员身份直接参与外汇期货市场竞价交易，可设置和动态调整个人和机构头寸限制；对特定时期的特定交易规定特别保证金要求，或采取其他维护公众利益和货币金融稳定的行动。

表3-2　　　　　　　中央银行和证券监管部门
在外汇期货市场方面的职责和分工

| 监管机构 | 印度 | 俄罗斯 | 巴西 |
|---|---|---|---|
| 中央银行 | 准入资格监管；修订参与者资格标准；修改参与者持仓限制；保证金水平；确定或修改其他审慎性限制 | 准入资格的制定和修改；随时撤销或终止会员交易权利；以会员身份直接参与外汇期货市场交易；允许或叫停交易所的外汇期货业务的权利，设定外汇期货交易的程序和条件 | 对外汇期货的监管承担主要职能；通过期货市场进行外汇干预；对清算机构的准入和清算安排进行监管，获得交易信息；对银行业参与期货市场实施监管 |
| 证监会 | 对交易所、交易合约、会员注册、清算和交割等方面进行审批 | 规范、监管外汇期货会员的交易行为和交易系统 | 规范、监管外汇期货会员的交易行为和交易系统 |

资料来源：作者根据相关资料整理。

## 三、完善和落实支撑外汇期货市场的会计制度

总体而言，我国企业使用衍生品程度低于国际水平，其中一个原因是企业对"套期会计"的使用不足。近年来，尽管中国企业的汇率风险对冲程度有所上升，但与国际水平相比仍处低位。这一方面是由于我国企业的财务中性意识不强，另一方面也源于衍生品交易巨额亏损的相关报道限制了部分企业使用衍生

品的意愿。一个典型的案例是中石化全资子公司联合石化 2018 年经营亏损约人民币 46.5 亿元①，主要原因是套期保值的原油期货在油价下跌中产生损失。但深入分析这一案例可以发现，虽然联合石化期货端亏损 46.5 亿元，但与国际同期油价相比，联合石化为中石化所属炼油企业采购进口原油实货节省成本约 64 亿元人民币。换言之，在联合石化套期保值交易中，现货端盈利，期货端亏损，但两项相抵后是盈利的。然而媒体报道中大肆渲染了期货端亏损，而非两项相抵后的净收益。出现这种情况的一个重要原因是我国企业对衍生品套期会计使用不足。

套期会计的使用有助于避免企业由于衍生品盈亏而导致利润大幅波动。简单地讲，套期会计允许企业将衍生品交易和现货交易的收益合并计算，对于企业熨平利润波动作用显著。对于同期发生的衍生品交易和现货交易，两项相抵以后取净值计入利润。如果衍生品交易和现货交易存在期限错配，使用套期会计有助于避免企业由于衍生品盈亏导致的利润大幅波动②。在上述联合石化的例子中，根据 2019 年 3 月中石化年报数据，

---

① 2019 年 1 月 25 日中石化公告。

② 比如对预期采购进行衍生品对冲，预期采购可能在未来五年内陆续完成，但衍生品的盈亏在当年就实现了，在这种情况下，套期会计允许将衍生品的盈亏分摊至未来五年，即只有对于当年发生的采购，才将衍生工具的一部分（如五分之一）和现货交易的净收益计入当期利润，而对标的是未来四年采购量的衍生品交易产生的收益，先递延至其他综合收益，不体现为当期利润。

联合石化 2018 年净利润为 −40.24 亿元人民币。虽然从中石化当年的财务报表中无法确认联合石化本身是否采用了套期会计，但从披露的亏损数字规模来看，很大可能是没有采用。但当年其母公司中石化的合并年报显示，中石化在会计操作上采取了套期会计，这使衍生品亏损中有 97.41 亿元并未计入当期利润，而是计入其他综合收益，等到现货交易实际发生时再取净值计入利润①。使用套期会计使中石化资产负债表更能反映衍生品的真实盈亏，也避免了由于当期利润的大幅亏损再度引发媒体热议。

从政策上看，我国对企业使用套期会计的相关政策近年来不断完善，但仍有一定改善空间。财政部 2006 年颁布的《企业会计准则第 24 号——套期保值》对于套期保值的会计处理方法作出了详细规定，允许企业对预期采购采用套期会计准则。但该版会计准则的部分规定较为严格，比如要求企业对套期的有效性进行事后测试，套期和现货的对冲程度需要在 80%～125% 之间，且仅允许企业对总敞口运用套期会计、不允许对净敞口运用套期会计。而企业经营中往往以投资组合的形式进行风险管理，把企业内部同一时期经营活动中类似商品的价格风险统一考虑，将净敞口作为被套期项目进行套期，因

---

① 同时，套期无效的部分为亏损 19.78 亿元，−19.78 亿元直接计入当期利润。

而无法达到套期会计的要求。2017 年，财政部发布了《企业会计准则第 24 号——套期保值》的更新版。新准则在套期关系评估、会计处理灵活性、被套期项目种类等方面都较旧版准则有所改善，但由于企业各项风险管理活动的复杂性，新准则应用仍存在诸多挑战和困难：如何识别复杂衍生品能否满足套期会计的标准仍是难点；对极有可能发生的预期交易如何判定和套期保值仍是难点，对于风险净敞口下的套期保值，企业无法逐一追踪并匹配风险头寸的期限，此时能否运用以及如何运用套期会计仍待明确。

从套期会计信息披露来看，国外企业年报的信息披露方式更有助于客观评价衍生品相关盈亏，值得借鉴。以宝马公司为例，宝马公司年报中有单独一栏列出套期工具亏损的部分和相对应的现货盈利部分，以及两者的净值（即套期无效的部分）。比如宝马公司 2018 年年报中披露，公允价值套期工具 2017 年亏损 3.35 亿欧元，与之对应的现货盈利是 3.28 亿欧元，两者相抵，套期工具无效的部分为亏损 0.07 亿欧元，这部分计入当期利润。对比中石化年报，在采用公允价值计量的项目中，仅披露了现金流量套期工具对当期利润的影响金额为 - 90.69 亿元，但并未披露与之相关的现货盈利①，这一披露方式可能

---

① 尽管投资者也许能从后文附注中"套期无效的部分为亏损 19.78 亿元"倒推出现货盈利规模（90.69 - 19.78 = 70.91 亿元），但这一数字并未在年报中公布。

导致投资者仅偏颇关注衍生品的亏损而忽略了现货端盈利。

为进一步提高企业使用套期会计的积极性，应进一步加强宣传，特别是要求会计师事务所严格落实套期会计方法，引导投资者更关注企业核心业务盈亏。据观察，中国中小企业更关注绝对盈利水平，衍生品使用较为有限，套期会计的使用更少。衍生品的使用主要在于锁定损失、稳定和熨平利润，当企业现货部门盈利而衍生品交易发生亏损时，使用衍生品对冲的企业净利润将低于未使用衍生品的同行，导致面临一定的同行竞争压力。但是当企业现货交易亏损时，衍生品交易会盈利，企业净利润将优于未使用衍生品的同行。这一方面需要企业更具定力，相信衍生品对冲有助于企业长时期内获得稳健收益；另一方面也需要加强市场教育，让企业认识到，衍生品交易从长期看既不盈，也不亏，是一个稳定收益的工具，因而是财务中性的。应引导投资者更关注企业核心业务盈亏，而非衍生品交易盈亏，同时要求会计师事务所严格落实套期会计方法。

与此同时，应鼓励企业形成风险中性意识，在全社会形成鼓励使用衍生品交易的整体环境。我国企业外汇衍生品使用度不高的一个重要因素在于企业避险保值意识相对薄弱。2019年，外汇局对24个省市的2400余家企业进行了专项问卷调查，调查结果表明，大多数企业的汇率风险敞口对冲比例较低，超过七成的企业汇率风险敞口对冲比例低于10%，甚至一些企业不进行任何风险对冲。同时，企业汇率风险管理比较被动，只有约五分之一的企业能够主动及时规避汇率风险。由于企业汇率风险管理不到位，部分企业拥有汇率浮动恐惧症，哪怕是正常的小幅波动也不习惯，由此形成的舆论对政府作出正确的汇率决策也形成干扰。为此，应鼓励企业形成风险中性意识，鼓励市场主体积极运用衍生品管理汇率风险。

# 第五节　立足国情发展我国外汇期货市场

本章之前关于外汇期货市场的讨论集中于其本质特征，即高标准化、准入门槛低、高流动性、透明度高且监管完善等。在具体落地方式上，结合我国具体国情，可以依托银行间市场，也可以依托交易所平台，不同模式各有优劣。

从国际经验看，大部分外汇期货市场依托交易所设立。与银行间市场相比，交易所在对接个人和非银机构投资者方面更有优势，在保证金期货交易的交易逻辑和管理经验的掌握上也有优势。同时，由于交易所的参与主体与银行间市场参与主体存在较大差异，报价更能体现参与主体的多元性，有助于鼓励竞争。但依托交易所设立外汇期货市场的最主要问题在于市场流动性难以迅速发展壮大。由于产品具有一定同质性，外汇期货市场建立初期不可避免地会面临现有场外市场及境外外汇期货市场的激烈竞争，市场流动性和深度不足。

从国际经验看，日本、澳大利亚和欧洲在期货市场建立之初，都经历了交易量清淡甚至市场萎缩的过程。1989 年 6 月东京国际金融期货交易所推出日元兑美元外汇交易以来，合约活跃度一直较低，尽管东京国际金融期货交易所在合约报价、交易制度设计等方面进行了一系列调整，但仍未改变外汇期货市场发展缓慢的格局。最终2005年东京国际金融期货交易所在金融厅的引导下设立了Click365外汇保证金交易，取代原来的美元兑日元期货交易。澳大利亚悉尼期货交易所曾两次上市外汇期货，但都因流动性不足而被迫退市，场外外汇市场的强势发展和来自美国芝加哥期货交易所等的竞争是导致澳大利亚场内外汇期货失败的重要原因。欧洲外汇期货市场尽管上市初期交易较为活跃，但好景不长，由于受到国内场外外汇市场及美国外汇期货市场的夹击，流动性一度枯竭，市场十分萧条。根据美国芝加哥期货交易所统计，从全球范围看，目前场内外汇衍生品市场的交易量占整个外汇衍生品交易的比重为5%～10%。

由此可见，多国期货市场建立之初都经历了流动性不足的困境，这也是我国建立外汇期货市场可能面临的重要挑战。因此，应以能为期货市场提供足够的流动性和深度，最有利于外汇期货市场迅速发展壮大作为平台选取的出发点。鉴于此，考虑到我国商业银行是外汇市场交易的最主要主体，建立外汇期货市场也可以考虑依托银行间市场设立，以最大限度地避免外汇期货市场建立之初流动性不足的问题，防止由于制度设计的因素影响外汇期货市场的健康发展。

依托银行间市场建立外汇期货市场有两种可能方式。一种方式是在银行间市场建立外汇期货集中电子竞价交易平台。由会员参加直接交易，其他市场参加者通过会员银行开户参加交易，有利于价格发现，降低成本，提高效率，监控风险，并分层承担准入把关责任。另一种方式是在银行间市场建立一个集中的做市商而非集中的电子化竞价交易平台。由做市商充当买卖双方的媒介。这类似于日本外汇保证金市场的框架。日本外汇保证金交易[①]本质上是将银行柜台市场产品标准化后引入一个新的交易平台交易，可以看成是一种有特色的外汇期货市场。日本外汇保证金采用做市商报价驱动模式，通过以银行为主的做市商面向个人投资者和机构投资者进行报价，有助于提高银行间竞争，降低投资者成本，提高产品流动性。与美国、巴西和印度等国的外汇期货市场相比，日本没有采取电子竞价自动撮合模式。

依托银行间市场建立外汇期货交易平台的一大优势是能够充分调动银行参与的积极性，有助于银行依托现有的庞大的客户资源，在现有远期市场的基础上，进一步将业务拓展至期货市场，从而迅速提升期货市场流动性，提高市场效率。这一设

---

① 日本保证金交易市场的产品可视为期限为一天的期货产品。若非投资者自动平仓，交易所会自动无限期为投资者转仓，因此外汇保证金交易没有合约到期时间。

计有助于充分发挥期货市场集中、透明、普惠、包容的优势，形成远期市场和期货市场相互补充、相互激励的良性发展，避免期货市场成立之初就在内外夹击中夭折。同时，银行间市场参与者具有丰富的外汇市场交易经验，金融基础设施也便于实现顺利衔接，2018 年中国外汇交易中心全面上线新一代外汇交易平台，实现了中国外汇市场金融基础设施的重大升级，2017年底在外汇即期交易中引入撮合交易，也进一步提高了交易效率和透明度。

如果实践中设在银行间市场的难度太大，还可考虑采取第三种折中方案，由中国外汇交易中心和中国金融期货交易所（以下简称中金所）成立合资子公司。可以借鉴债券通公司（中国外汇交易中心和香港交易所共同设立的合资公司）的模式，通过由中国外汇交易中心和中金所出资成立合资子公司，承担支持外汇期货交易的相关服务职能，从而充分发挥中国外汇交易中心作为外汇交易主平台，中金所对接个人和非银机构投资者的双重优势。

我们认为应首选前两种模式。还需要指出的是，不论平台建在哪里，建立之初应该对各类市场主体共同开放。凡是面临较大汇率风险的机构和个人，都应有权使用外汇期货市场，应该通过市场化方式管理参与主体，准入门槛体现在合理的市场化参数中，比如通过设定合约面值的大小、最低保证金比例以及市场参与者的杠杆率上限这三层措施，就可排除金融资产过小和杠杆率过高的参与主体。同时，平台宜采用电子化设计，打破地理界线，允许各类主体在世界任何角落都能参与。参与主体越广泛，市场化程度越高，市场价格包含的信息就越广，价格就越有价值。同时，应允许银行等机构作为做市商和套利者同时参与场内场外交易，通过竞争和套利实现价差缩小，最终实现服务个人投资者和实体企业的目的。如果套利不足，价差缩小的过程很慢，就容易产生寻租空间，破坏市场发育。

同时，外汇期货市场的性质决定了外汇期货市场需受到中央银行和证监会的共同监管，外汇期货市场是外汇市场的重要组成部分，外汇期货市场的发展应服务于我国汇率灵活性进一步增强的总体方向，同时还涉及与汇率政策及外汇市场发展的衔接，因此首先需要受到中央银行的监管。同时，银行、证券公司、期货公司、基金公司等市场主体参与外汇期货市场，理应受到相应监管机构的监管。因此，可考虑采取金融稳定发展委员会承担总体监管责任、中央银行牵头、银保监会和证监会共同监管的模式。从国际上看，外汇期货市场的监管也需由中央银行和证监会等机构共同协调完成。

# 第四章　浮动汇率与人民币国际化

在中国经济发展到目前水平的情况下，人民币国际化取得实质性进步的一个重要标志是国际投资者可以更加广泛持有人民币金融资产。而这要满足两个条件：一是投资者相信至少中国国债不会违约；二是投资者相信自己持有的人民币金融资产可以与其他货币的金融资产方便地转换，特别是可以有出售并汇兑的自由。中国现在可以满足第一条，第二条只是刚开始在低水平上有限地满足。如果让国内外投资者在人民币汇率稳定不动和人民币可兑换二者之间取舍的话，可兑换绝对是更有价值的。

浮动汇率制度可以消除汇率的单边升值或贬值预期，使人民币在经常项下的使用不再依靠无风险套利来获得一时的、不可持续的推动，市场参与者纯粹从减少币种错配、降低汇率波动风险和货币兑换成本的角度来使用人民币进行支付，人民币在经常项下将得以实现双向平衡进出。

但人民币的使用如果仅仅限于经常项目，仍然不能成为国际化的货币。因为进出口商不可能将进出口支付进行无缝衔接，总是会积累相当的人民币余额，这部分余额如果只能存在银行收取利息，对持有者来说机会成本较高，将大大降低持有人民币的吸引力。如果能将这部分人民币余额投资于中国金融市场，将会全方位地增加持有人民币的吸引力。所幸的是，我国已经形成了全球第二大债券市场和股票市场，有潜力为非居民持有的人民币提供一个有吸引力的锚地。

在人民币可以自由浮动、建立外汇远期和期货市场、管住货币总量和外债总量的基础上，我国资本市场可以逐步扩大开放。

# 第一节 进一步开放资本市场

截至 2019 年末，全球中央银行持有的外汇储备总额约为 11.8 万亿美元，人民币仅占 1.96%，我们当然还远不能与美元的 60.89% 和欧元的 20.54% 相比，但与英镑的 4.62% 和日元的 5.7% 相比也相差甚远。如果人民币占比提高到 5%，意味着外国中央银行持有的人民币资产增加 3600 亿美元，约合 2.5 万亿元人民币。如果这些资产均以债券的形式持有，则外国中央银行持有的债券增量大约相当于中国债券市场总市值的 2.5%，政府债券总市值的 6.6%①。

事实上，国际货币基金组织在 2015 年将人民币纳入特别提款权时，综合考虑中国实体经济、外贸和金融的发展程度，将人民币在特别提款权篮子中的比重设定为 10.92%。如果人民币在全球中央银行外汇储备中的占比提升至 10.92%，意味着外国中央银行投资中国债券市场的增量约为 7.4 万亿元人民币，相当于目前中国债券市场总市值的 7.5%，政府债券总市

---

① 外汇储备数据来源于国际货币基金组织 COFER 数据库，中国债券市场数据来源于中国人民银行。

值的20%。我国完全应当通过汇率市场化改革和资本市场进一步开放将人民币在国际储备货币中的比重提高到一个相称的水平。

一是逐步扩大债券市场的开放。截至2020年第一季度，我国银行间债券市场余额总量约为103万亿元，其中外资持有总量约为2.4万亿元①，因此目前我国通过特别提款权（SDR）协议、债券通、合格境外机构投资者（QFII）、人民币合格境外机构投资者（RQFII）、纳入国际市场指数等渠道引入的外国投资者仅占债券市场总市值的2%~3%，不仅低于美国（25%）、日本（12%）、韩国（6%）的水平②，也低于二十国集团内多数新兴市场国家水平（见图4-2和图4-3）。我国应首先将外国投资者的参与度提升到新兴市场的平均水平。同时我国还应有序引导外国政府、金融机构和企业通过在华发行人民币债券进行融资。

进一步完善和开放人民币债券市场，不但能有效降低债务成本、减少货币错配和提高跨境资本流动的稳定性，也是人民币走向国际储备货币的必由之路。虽然我国债券市场规模已居世界第二，但其开放程度、流动性和发展深度尚未能与其市场

---

① 中央国债登记结算有限责任公司、上海清算所2020年5月数据。

② 资料来源：2018年中国国际收支报告、国际货币基金组织和国际清算银行。

规模相匹配。我国应从多方面打破人民币债券市场的发展瓶颈，包括进一步放宽市场准入，提高境外主体发行熊猫债和投资银行间债券市场的便利性，拓宽境外投资主体可参与的债券交易类别，如债券回购和国债期货等；通过完善做市商制度、丰富投资者类别、改善国债期限结构、减少税收规则差异等举措来提高债券市场的流动性和交易效率；发展利率及外汇衍生品市场，提高境内外投资主体的风险对冲能力；提供与国际对接的会计、审计和法律制度；完善违约处置机制，减少隐性担保预期等。

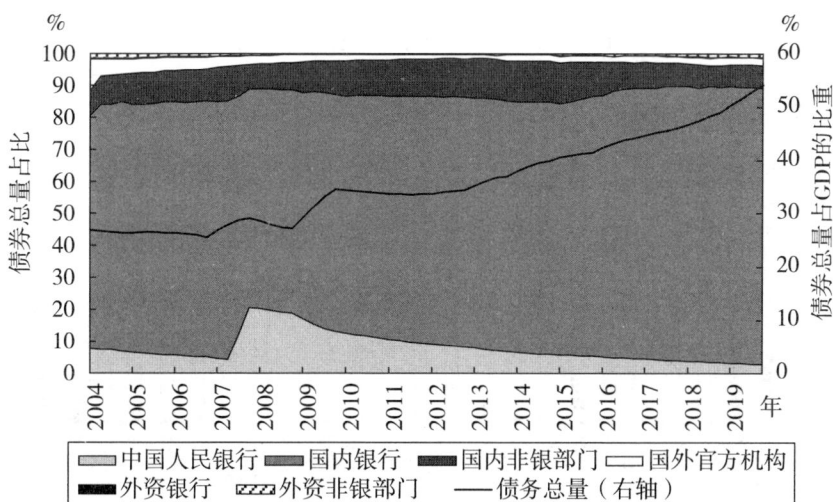

图 4-1　中国中央政府债券持有者结构

（资料来源：国际货币基金组织、Arslanalp 和
Tsuda（2014 Updated）以及作者测算）

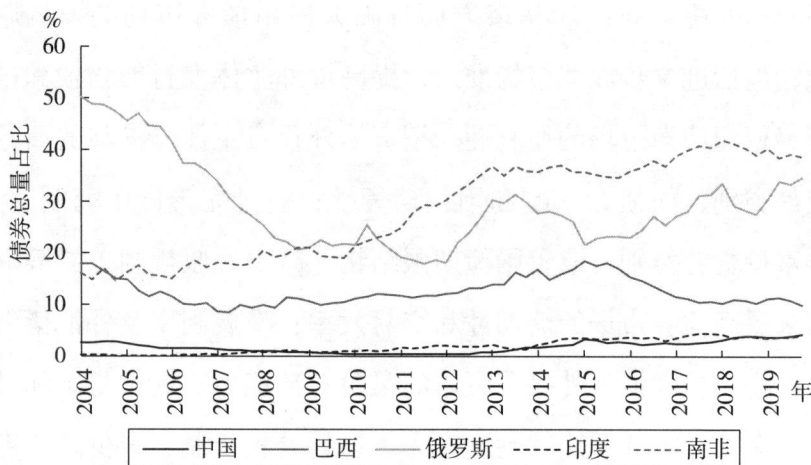

图 4 – 2　金砖国家主权债券市场外资持有比例

（资料来源：国际货币基金组织、Arslanalp 和

Tsuda（2014 Updated）以及作者测算）

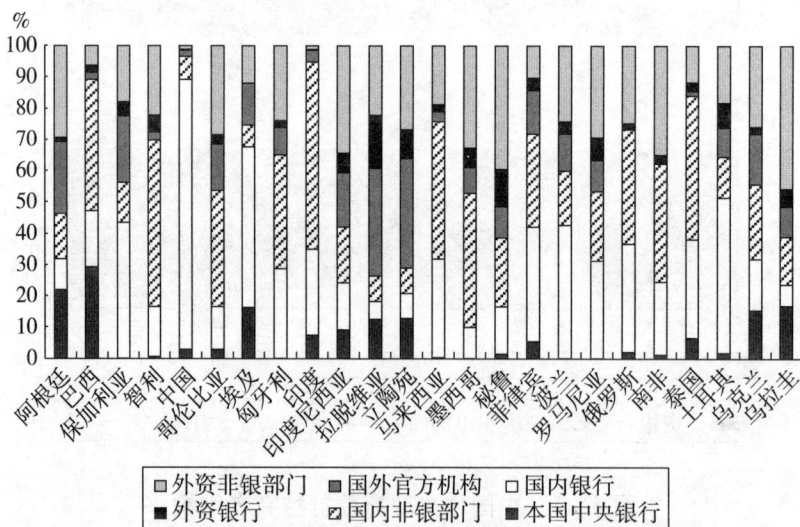

图 4 – 3　新兴市场国家主权债券投资者结构（截至 2019 年末）

（资料来源：国际货币基金组织、Arslanalp 和

Tsuda（2014 Updated）以及作者测算）

二是逐步扩大股票市场的开放。截至 2019 年末，我国股票市场总市值为 59.29 万亿元，其中境外机构和个人持有 2.1 万亿元，境外投资者占比仅为 3.5%，不仅低于美国（15%）、日本（30%）、韩国（33%）等发达国家，也低于巴西（21%）等新兴市场经济体。①

近年来，我国资本市场开放名目众多，但实质性进展有限。沪港通、深港通相继实施，合格境外机构投资者制度改革不断深化，合格境外机构投资者（QFII）、人民币合格境外机构投资者（RQFII）投资额度限制也被取消，纳入国际市场指数的程度也在提高。但如果看境外投资者占比的上升速度，则依然缓慢。事实上，检验我国金融市场开放度是否提高的具体标准，不在于开放渠道的数量，而在于外资总市值占比是否提升。而这归根结底取决于各类隐性限制和显性限制是否被打破，取决于开放的制度环境是否完善，汇率是否足够灵活，前期入境的资金出境是否会受到限制等因素。

下一步，我国首先应借助国际市场指数投资者、沪股通、深股通、合格境外机构投资者（QFII）和人民币合格境外机构投资者（RQFII）等渠道吸引外资投入二级市场，把二级市场外资的占有率提高到新兴市场的平均水平。其次应尽快

---

① 股票市场总市值数据来源于沪深交易所，境外机构和个人持有量数据来源于中国人民银行。

开放国际板，不仅吸引发达国家的优质公司在华上市，形成国际蓝筹板块，还要吸引"一带一路"沿线国家和新兴市场国家的高增长型企业来华上市，形成新兴市场增长板块。这不仅可使我国的在岸市场具有用人民币在全球进行资产配置的功能，还可以实现对"一带一路"等境外投资项目的股权融资，改变目前我对外投资项目过度依赖银行融资和杠杆率过高的现象。

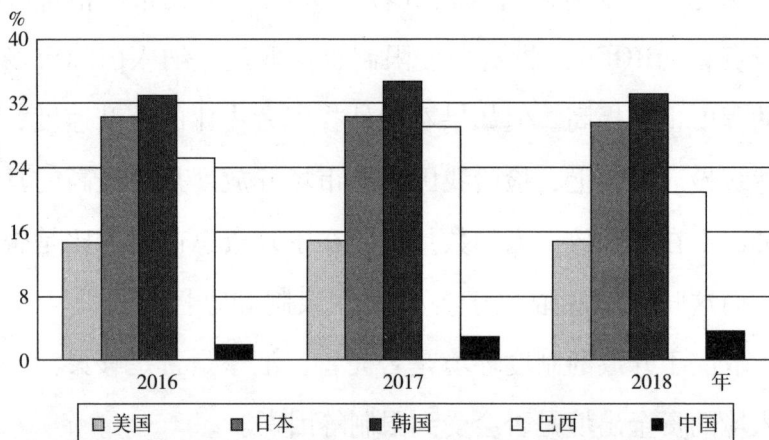

**图 4 – 4　近年来主要国家股票市场外资持股比例**
（资料来源：国家外汇管理局《2018 年中国国际收支报告》）

三是在离岸市场定期发行人民币国债和央行票据，为国际投资者提供人民币资产，并形成离岸市场的人民币国债基准收益率曲线。在中资银行海外各分支机构逐步为当地客户开设人民币账户并提供理财服务。

亿元人民币

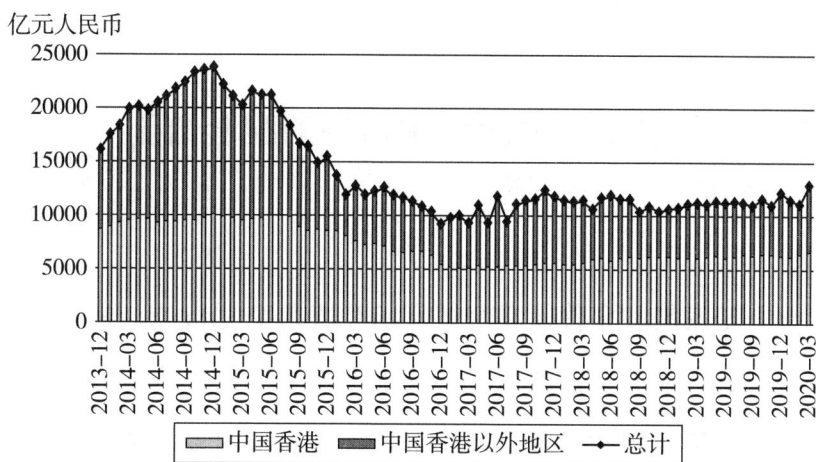

**图 4 - 5　离岸人民币存款**

（资料来源：中国人民银行、香港金融管理局）

# 第二节　开放资本市场的配套措施

一是发展和完善债券期货市场和股票期货市场，建立以市场手段解决证券价格波动的风险管理机制。这种价格风险管理机制与外汇远期和期货市场相结合，将为国内外投资者提供完整的跨境风险管理工具箱。

二是中央政府还应建立一个规模足够又适度的资本市场平准基金。平准基金由外汇和人民币两部分组成，外汇来自外资流入资本市场时的结汇积累，不能挪作他用；人民币则主要由中央银行提供保证，在必要时提供流动性支持，以应对国际金融市场出现动荡时外资的大量抛售和外逃。但即使在那种时刻也绝不放弃浮动汇率制，不改变已开放的资本账户可兑换的承诺。

三是债券评级、会计准则和信息披露标准应向国际标准看齐。这样才能最大限度地减少国内外投资者从不同国际市场和中国市场之间不断切换的制度成本。还应在充分借鉴国际经验的基础上，建立适应债券和股票市场开放的法律制度，有效处理债务违约、重组和公司破产等问题，使国际投资者在中国享有一个规范、透明和可预期的市场环境。

在开通投资渠道时，应允许外资双向流动，避免宽进严出。宽进严出的最大理由就是怕汇率过度贬值，但本书前几章已经说明了如何在汇率浮动体制下避免汇率过度贬值以及管理汇率波动风险的问题。对投资者来说，如果流出不容易就会减少甚至放弃流入。而且如果在形势好的时候都要宽进严出，以后就很难有更好的机会放开流出。不对称开放的结果是我国资本市场只能长时间象征性地开放。无论是市场建设还是人民币国际化都无法取得实质性进展。

值得强调的是，对于我国开放市场吸引流入的资本，无论是人民币还是外汇，除了极端情况以外，在绝大多数情况下都不应以行政手段限制自由流出，只能以价格手段如汇率和利率的调整对流出施加影响。只要我们采取了前述应对资本流出的预防性安排，资本流出就不会掀起大浪。用行政性手段限制资本流出的做法弊大于利，不仅使国家对现有投资者失信，还会在较长时间内影响新的资金流入，影响国际社会对持有人民币资产的信心。

应分阶段、逐渐有序地扩大资本项目可兑换。首先可以逐渐放开一些管制过严的经常项目，比如可考虑进一步放宽每人每年5万美元的购汇额度。其次放开资本项目下不对称开放的部分（比如目前宽进严出的部分政策），确保外国直接投资

（FDI）和金融市场开放吸引的外国资本在国际资本流动出现周期性逆转时也能顺利流出。这样做不但不是为了鼓励流出，反而是为了让资本流入更有信心。最后是稳步提高债券市场和股票市场的双向开放程度。逐步开放的过程也是让人民币汇率适应和寻找新均衡的过程。

　　渐进的资本项目开放也意味着在一定时期内保留对部分项目的限制，如限制居民卖房换汇投资于境外房地产。这主要是由于国内房地产的性价比远低于一些发达国家。但应当看到，我国的房价收入比在过去十年出现下降趋势，房价收入比的增长速度低于大多数主要国家（见图4－6）。即使有人抛售国内

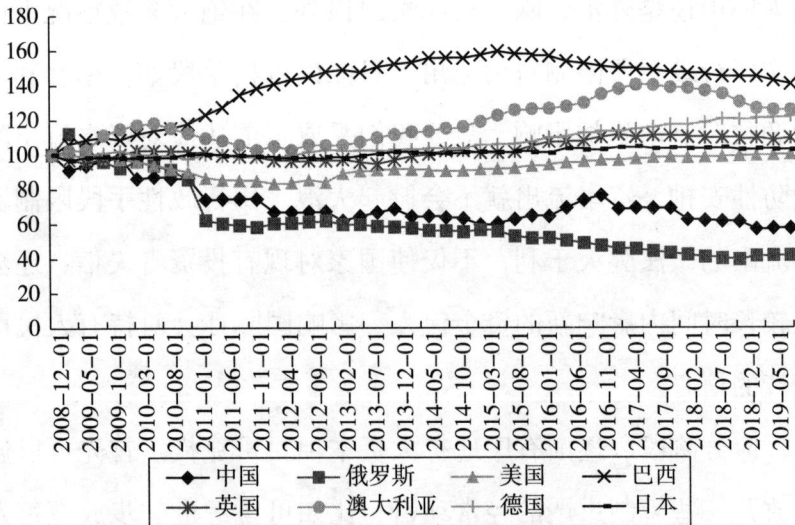

图4－6　2008年以来主要国家房价收入比变化情况

（资料来源：国际货币基金组织）

房产并将资金转往国外，导致房价下跌和汇率贬值也会抑制卖房和换汇需求，价格机制的调整将自动实现供需平衡。此外，我们可以用十年左右的时间，通过调节土地供应等手段控制房价上涨，维持房价在现有水平保持稳定。在收入逐年增长的情况下，房价收入比将逐年下降。卖房换汇导致的资本外流压力将明显减轻。

也有一些声音认为，放宽资本项目可兑换有可能导致一些隐藏的贪污受贿的资金大量外流。但这类人在总人口中只是极少数，不能因为这极少数人就限制绝大多数人正常交易的权利。而且对贪污腐败的查处和限制不应依靠资本管制，而应通过加强国内的反腐制度建设，加强反腐国际合作、国际税收征管合作等方式实现，而非由外汇管理部门承担把关责任。

国际经验表明（见专栏4-1），宣布实行浮动汇率和资本账户可兑换的国家，都极其注重国家的承诺，对任何实施外汇管制的媒体报道和外部评论都十分敏感。国际货币基金组织把资本与金融账户的管理分为市场导向的宏观审慎措施（MCM）和行政导向的资本流动管理措施（CFMs）。所有发达国家和致力于开放的新兴市场国家，一旦在国别磋商报告中出现对本国采取资本流动管理措施的认定，都反应强烈，极力辩解，争取工作人员修改或淡化。

## 专栏 4 – 1　俄罗斯在面对严厉国际制裁情况下的政策选择

　　俄罗斯早在 20 世纪 90 年代就放开了资本与金融账户，同时采取维持汇率和物价稳定的货币政策。但随着国际金融市场动荡加剧、西方对俄罗斯实施制裁以及国际油价大幅下跌，俄罗斯国际收支状况不断恶化，俄罗斯最终在 2014 年 11 月放弃了稳定汇率的目标，让卢布汇率自由浮动，而没有试图用资本管制来稳定汇率。俄罗斯没有采取资本管制措施的原因：一是在经常项目开放的经济体中，可以通过其他途径规避管制措施，导致管制效率低，最后还会导致黑市汇率和离岸汇率与官方汇率偏离，从而打击官方汇率的公信力；二是容易引发违反国际货币基金组织协定第八条款有关经常账户可兑换以及多重汇率操作等法律问题；三是对于投资者而言，资本管制事实上是一种违约，一旦进行管制，特别是在已经放开的项目上又倒退的话，多年营造的吸引外资的环境可能毁于一旦，需要很长时间才能恢复信誉。

# 结　论

　　相比于我国实体经济的发展和开放程度而言，我国走向浮动汇率的步伐、资本市场的开放以及人民币国际化的进程是滞后的。这种局面有合理的成分，因为实体经济的发展和需求与金融服务相比应当走在前面，但如果这种局面长期没有改进，就会严重拖实体经济的后腿。而在外部环境出现急剧不利的变化时，这种滞后甚至可能是致命的。

　　资本项目的开放并不是一个非黑即白或简单的是与否的问题。我国资本项目特别是资本市场的开放一直在进行中，而且从量的方面已经达到了一定的规模。但即使与处于相似条件下的新兴市场国家相比，目前我国资本市场的开放程度也是偏低的，不能满足实体经济的发展要求，制约着人民币国际化的进程，不利于我国从基础上有效应对国际环境巨变带来的严峻挑战。

　　资本市场开放过快或过慢都有风险。目前比较危险的一种情况是，面对国际形势出现的重大变局与挑战，我们不能以主动的改革和开放实现突围和进一步的发展，而是计较一城一地的得失，被动地求稳怕变；不仅不继续坚持汇率市场化改革，走向更加灵活的汇率制度，反而为稳定一个主观设定的汇率水平而不惜消耗有限的外汇储备，与国际资本打阵地战。不仅如此，甚至还诉诸窒息市场活力的外汇管制，扼杀人民币国际化的出路。这种应对方式将使我国重蹈历史覆辙，外汇将越管越少，经济将越管越死，最终走入一个被围困的死胡同。可以说，汇率制度的选择是我国能否成功应对国际大变局的关键因素之一。

# 参考文献

［1］金中夏．论中国实际汇率管理改革［J］．经济研究，1995（3）．

［2］金中夏．论转轨时期均衡汇率形成机制［J］．经济研究，1996（3）．

［3］金中夏．国际货币制度改革与中国的选择［J］．世界经济，2000（3）．

［4］金中夏．中国汇率、利率和国际收支的互动关系：1981—1999［J］．世界经济，2000（9）．

［5］金中夏，陈浩．运用利率平价理论对主要货币汇率的分析［J］．金融研究，2009（8）．

［6］金中夏．中国的"马歇尔计划"——探讨中国对外基础设施投资战略［J］．国际经济评论，2012（6）．

［7］金中夏，陈浩．利率平价理论在中国的实现形式［J］．金融研究，2012（7）．

［8］金中夏．中国资本与金融账户开放与国际收支动态平衡［J］．

国际经济评论，2013（3）.

［9］金中夏，洪浩，李宏瑾．利率市场化对货币政策有效性和经济结构调整的影响［J］．经济研究，2013（4）.

［10］金中夏，洪浩．开放经济条件下均衡利率形成机制——基于动态随机一般均衡模型（DSGE）对中国利率变动规律的解释［J］．金融研究，2013（7）.

［11］金中夏，洪浩．国际货币环境下利率政策与汇率政策的协调［J］．经济研究，2015（5）.

［12］刘道云．汇率制度改革与外汇期货市场建设：印度经验及对我国的启示［J］．南方金融，2016（4）：60 - 64.

［13］易纲，汤弦．汇率制度"角点解假设"的一个理论基础［J］．金融研究，2001（8）：5 - 17.

［14］与交通银行北京分行副行长肖霆访谈的会议纪要.

［15］与中国银行总行全球金融市场部副总经理侯菲访谈的会议纪要.

［16］与芝加哥期货交易所全球商品和期权产品主管 Derek Sammann 访谈的会议纪要.

［17］与国际货币基金组织货币及资本市场局高级专家 Eckhold Kelly 和 Qureshi Asad 访谈的会议纪要.

［18］中国金融期货交易所外汇事业部．外汇期货国际经验与国内市场设计［M］．北京：中国财政经济出版社，2015.

［19］Adler, Gustavo, Kyun Suk Chang, Rui Mano, and Yuting Shao. Foreign Exchange Intervention：A Dataset of Public Data and Proxies［R］.

IMF Working Paper 21/047, 2021.

［20］Adler, Gustavo, NoemieLisack, and Rui Mano. Unveiling the Effects of Foreign Exchange Intervention: A Panel Approach ［R］. IMF Working Paper 15/130, 2015.

［21］Adrian, T. , and Shin, H. S. Procyclical Leverage and Value-at-Risk ［J］. The Review of Financial Studies, 2014, 27 (2): 373 – 403.

［22］Alexander Culiuc. Real Exchange Rate Overshooting in Large Depreciation: Determinants and Consequences ［R］. IMF Working Paper No. 20/60, 2020.

［23］Alla, Z. , Espinoza, R. A. , Ghosh, A. R. FX Intervention in the New Keynesian Model ［R］. IMF Working Papers 17/207, 2017.

［24］Antonio Doblas-Madrid. A Theory of Speculative Bubbles and Overshooting During Currency Crises ［R］. Working Paper, 2020.

［25］Ashvin Ahuja, Murtaza Syed, and Kevin Wiseman. Assessing Country Risk—Selected Approaches—Reference Note ［Z］. IMF Technical Notes and Manuals, 2017/008.

［26］Bems, R. , and Di Giovanni, J. Income-induced Expenditure Switching ［J］. American Economic Review, 2016, 106 (12): 3898 – 3931.

［27］Blanchard, Olivier, Gustavo Adler, and Irineu de Carvalho Filho. Can Foreign Exchange Intervention Stem Exchange Rate Pressures from Global Capital Flow Shocks? ［R］. IMF Working Paper 15/159, 2016.

［28］Branson, W. H. , Henderson, D. W. The Specification and

Influence of Asset Markets [J]. In: Handbook of International Economics, Vol. 2, 1985.

[29] Carlson, J. A., and Osler, C. Rational Speculators and Exchange Rate Volatility [J]. European Economic Review, 2000, 44 (2): 231 - 253.

[30] Cavallino, Paolo. Capital Flows and Foreign Exchange Intervention [J]. American Economic Journal: Macroeconomics, 2019, 11 (2): 127 - 170.

[31] Chang, Roberto and Andrés Velasco. Financial Frictions and Unconventional Monetary Policy in Emerging Economies [J]. IMF Economic Review, Palgrave Macmillan; International Monetary Fund, Vol. 65 (1), pages 154 - 191, April, 2017.

[32] Chicago Mercantile Exchange Group. Clearing Risk Management and Financial Safeguards [R]. CME Group Report, 2017.

[33] Cravino, J., and Levchenko, A. A. The Distributional Consequences of Large Devaluations [J]. American Economic Review, 2017, 107 (11): 3477 - 3509.

[34] Daude, Christian, Eduardo Levy Yeyati, and Arne Nagengast. On the Effectiveness of Exchange Rate Intervention in Emerging Markets [R]. OECD Development Centre Working Paper 324, 2014.

[35] Dornbusch, Rudiger. Expectations and Exchange Rate Dynamics [J]. Journal of Political Economy, University of Chicago Press, 1976, Vol. 84 (6): 1161 - 1176.

[36] Dornbusch, R., and Giovannini, A. Monetary Policy in the Open

Economy [J]. Handbook of Monetary Economics, 1990 (2): 1231 – 1303.

[37] Elias Albagli, Mauricio Calani, Metodij Hadzi-Vaskov, Mario Marcel and Luca Antonio Ricci. Comfort in Floating: Taking Stock of Twenty Years of Freely-Floating Exchange Rate in Chile, CEPR Discussion Paper, 2020, No. 14967.

[38] Engel, C. Expenditure Switching and Exchange-rate Policy [Z]. NBER Macroeconomics Annual, 2002 (17): 231 – 272.

[39] Fanelli Sebastián and Ludwig Straub. A Theory of Foreign Exchange Interventions [R]. NBER Working Papers 27872, National Bureau of Economic Research, 2020.

[40] Fratzscher, Marcel, Oliver Gloede, Lukas Menkhoff, Lucio Sarno, and Tobias Stöhr. When is Foreign Exchange Intervention Effective? Evidence from 33 Countries [J]. American Economic Journal: Macroeconomics, 2019, 11 (1): 132 – 156.

[41] Gabaix, Xavier, and Matteo Maggiori. International Liquidity and Exchange Rate Dynamics [J]. The Quarterly Journal of Economics, Oxford University Press, Vol. 2015, 130 (3), pp. 1369 – 1420.

[42] Garcia, Marcio, Medeiros, Marcelo and Santos, Francisco. Price Discovery in Brazilian FX Markets [Z]. No 622, Textos Para Discussão, Department of Economics PUC-Rio, 2014.

[43] Gertler, M., and Bernanke, B. Agency Costs, Net Worth and Business Fluctuations [Z]. In Business Cycle Theory. Edward Elgar

Publishing Ltd, 1989.

[44] Gopinath, G. , Boz, E. , Casas, C. , Díez, F. J. , Gourinchas, P. O. , and Plagborg-Møller, M. Dominant Currency Paradigm [J]. American Economic Review, 2020, 110 (3): 677 –719.

[45] Gopinath, S. Over-the-counter Derivative Markets in India-Issues and Perspectives [Z]. Financial Stability Review, 2010.

[46] Gourinchas, Pierre-Olivier and Rey, Helene. From World Banker to World Venture Capitalist: Us External Adjustment and the Exorbitant Privilege [R]. NBER Working Paper, 2005, No. w11563.

[47] Hart, Oliver D. , and David M. Kreps. Price Destabilizing Speculation [J]. Journal of Political Economy, 1986, 94 (5): 927 – 952.

[48] Henderson, Dale W. , and Kenneth Rogoff. New Foreign Asset Positions and Stability in a World Portfolio Balance Model [R]. International Finance Discussion Papers 178, Board of Governors of the Federal Reserve System (U.S.), 1981.

[49] Husain, A. M. , Mody, A. , and Rogoff, K. S. Exchange Rate Regime Durability and Performance in Developing Versus Advanced Economies [J]. Journal of Monetary Economics, 2005, 52 (1): 35 –64.

[50] Ilzetzki, Ethan, Carmen M. Reinhart and Kenneth S. Rogoff. The Country Chronologies and Background Material to Exchange Rate Arrangements into the 21st Century: Will the Anchor Currency Hold? Mimeo.

[51] IMF. Assessing Underlying Vulnerabilities and Crisis Risks in

Emerging Market Countries—A New Approach.

[52] IMF. Arab Republic of Egypt, Fifth Review Under the Extended Arrangement Under the Extended Fund Facility [EB/OL]. https://www.imf.org/en/Publications/CR/Issues/2019/10/10/Arab-Republic-of-Egypt-Fifth-Review-Under-the-Extended-Arrangement-Under-the-Extended-Fund-48731, IMF Country report, 2019, No. 19/311.

[53] IMF. Argentina, Fourth Review Under the Stand-by Arrangement and Request for Modification of Performance Criteria, and Financing Assurances Review [EB/OL]. https://www.imf.org/en/Publications/CR/Issues/2019/07/15/Argentina-Fourth-Review-under-the-Stand-By-Arrangement-Request-for-Waivers-of-Applicability–47116, IMF Country Report, 2019, No. 19/232.

[54] IMF. Assessing Country Vulnerability at the Fund [Z]. By IMF SPR Macro Risk Unit, 2019.

[55] IMF. Hands-on Workshop: Systemic Risk Anlysis in Bilateral Surveillance Using SPR's Sys Risk Tracker [Z]. 2019.

[56] IMF. Pakistan, First Review Under the Extended Credit Facility Arrangement and Request for Modification of Performance Criteria [EB/OL]. https://www.imf.org/en/Publications/CR/Issues/2019/12/20/Pakistan- First-Review-Under-the-Extended-Arrangement-Under-the-Extended-Fund-Facility-and–48899, IMF Country Report, 2019, No. 19/380.

[57] IMF. People's Bank of China, Staff Report for the 2019 Article IV Consultation [EB/OL]. https://www.imf.org/en/Publications/CR/Issues/

2019/08/08/Peoples-Republic-of-China-2019-Article-IV-Consultation-Press-Release-Staff-Report-Staff – 48576 IMF Country Report, 2019, No. 19/266.

［58］ IMF. Review of the Fund's Policy on Multiple Currency Practices, Initial Considerations ［R］. IMF Policy Paper, 2019.

［59］ Jin, Zhongxia, Haobin Wang, Yue Zhao. The Macroeconomic Impact of Foreign Exchange Intervention: An Empirical Analysis based on International and China Experiences ［R］. IMF Working Paper Forthcoming.

［60］ José Luiz Rossi Júnior. The Use of Currency Derivatives by Brazilian Companies: An Empirical Investigation ［J］. Brazilian Review of Finance, Brazilian Society of Finance, 2007, Vol. 5 (2), 205 – 232.

［61］ Kenneth Rogoff. Dornbusch's Overshooting Model After Twenty-Five Years ［R］. IMF Working Paper, 2002, No. 02/39.

［62］ Kohlscheen, E., and S. Andrade. Official FX Interventions Through Derivatives ［J］. Journal of International Money and Finance, 2014, Vol. 47, 202 – 216.

［63］ Kouri, P. Balance of Payments and the Foreign Exchange Market: A Dynamic Partial Equilibrium Model ［C］. In: Bhandari, J., Putnam, B. (Eds.), Economic Interdependence and Flexible Exchange Rates. MIT Press, Cambridge, MA, 1983.

［64］ Krüger, M. Speculation, Hedging and Intermediation in the Foreign Exchange Market ［Z］. 1996, No. 9606.

［65］ Krugman, P., and Taylor, L. Contractionary Effects of Devaluation ［J］. Journal of International Economics, 1978, 8 (3): 445 – 456.

［66］ Krugman, P. The Case for Stabilizing Exchange Rates ［J］. Oxford Review of Economic Policy, 1989, 5 (3): 61 –72.

［67］ Maurice Obstfeld. Assessing Global Imbalances: The Nuts and Bolts ［EB/OL］. IMF Blog, https: //blogs. imf. org/2017/06/26/assessing-global-imbalances-the-nuts-and-bolts/, 2017.

［68］ Mendoza, E. G. , and Smith, K. A. Quantitative Implications of a Debt-Deflation Theory of Sudden Stops and Asset Prices ［J］. Journal of International Economics, 2006, 70 (1): 82 –114.

［69］ Mendoza, E. G. Sudden Stops, Financial Crises, and Leverage ［J］. American Economic Review, 2010, 100 (5): 1941 –1966.

［70］ Milton Friedman. Book Essays in Positive Economics ［M］. Chicago: University of Chicago Press, 1953.

［71］ Mitali, Das, Chuan Li, Vargas Mauricio and Haobin Wang. Returns of the Wealth of Nations ［Z］. Mimeo, 2020.

［72］ Nedeljkovic, Milan and Saborowski, Chris. The Relative Effectiveness of Spot and Derivatives Based Intervention: The Case of Brazil ［R］. IMF Working Paper, 2017, No. 17/11.

［73］ Novaes, Fernando N. and Walter Olivera. Is Foreign Exchange Intervention Effective ［Z］. Mimeo IBMEC R. J. Presentation at FLAR Conference. July. Cartagena, Colombia, 2004.

［74］ Olivier Blanchard, Gustavo Adler and Irineu De Cardalho Filho. Can Foreign Exchange Intervention Stem Exchange Rate Pressures from Global Capital Flow Shocks ［R］. IMF Working Paper, 2015, No. 15/159.

［75］ Ostry, Jonathan D. , A. R. Ghosh, and M. Chamon. Two Targets, Two Instruments: Monetary and Exchange Rate Policies in Emerging Market Economies ［J］. Journal of International Money and Finance, Vol. 60, pp. 172 – 196, 2015.

［76］ Prakash, A. Major Episodes of Volatility in the Indian Foreign Exchange Market in the Last Two Decades (1993—2013): Central Bank's Response ［R］. Reserve Bank of India Occasional Papers, 2012, 33 (1 & 2).

［77］ Reinhart, Carmen and Calvo, Guillermo. Fear of Floating ［R］. MPRA Paper, 14000, University Library of Munich, Germany, 2002.

［78］ Reserve Bank of India. Report of the Internal Working Group on Currency Futures ［Z］. 2008.

［79］ Rodrik, D. The Real Exchange Rate and Economic Growth ［R］. Brookings Papers on Economic Activity, 2008 (2): 365 – 412.

［80］ Sebastian Fanelli & Ludwig Straub. A Theory of Foreign Exchange Interventions ［R］. 2018 Meeting Papers 1270, Society for Economic Dynamics.

［81］ Gertler, Mark and Kiyotaki, Nobuhiro. Financial Intermediation and Credit Policy in Business Cycle Analysis ［Z］. Handbook of Monetary Economics, in: Benjamin M. Friedman & Michael Woodford (ed. ), Handbook of Monetary Economics, Edition 1, Volume 3, Chapter 11, 2010, 547 – 599.

［82］ Sergio Da Silva. Overshooting and Foreign Exchange Intervention in the Redux Model ［R］. Working Paper, 2019.

# 附录一　印度、俄罗斯和南非的统计检验和实证分析结果

## 一、实证分析结果

### （一）印度

附表 1 给出了期货市场建立前后的即期市场日收益率的描述性统计量。附表 2 给出了平稳性的 ADF 检验结果。可以看出，美元—印度卢比在所有时间段的 t 统计量在 1% 的水平上显著，因此所有序列均具有平稳性。

附表 1　　　美元—印度卢比的描述性统计量

| 变量 | 观察数 | 均值 | 标准差 | 最小值 | 最大值 |
|------|--------|------|--------|--------|--------|
| 前期 | 507 | − 0.0001923 | 0.0047907 | − 0.024074 | 0.0189109 |
| 后期 | 485 | 0.0001808 | 0.0053458 | − 0.0170301 | 0.0302912 |

附表2    美元—印度卢比的 ADF 检验统计值

| 项目 | 检验统计量 | 1% 临界值 | 5% 临界值 | 10% 临界值 | 观察数 | P 值 |
|------|------------|-----------|-----------|------------|--------|------|
| 前期 | -14.669 | -3.458 | -2.880 | -2.570 | 507 | 0.0000 |
| 后期 | -16.165 | -3.460 | -2.880 | -2.570 | 485 | 0.0000 |

附表3    印度的 GARCH（1，1）分析结果

| 项目 | 截距（$\alpha_0$） | ARCH 效应（$\alpha_1$） | GARCH 效应（$\beta_1$） | $\alpha_1 + \beta_1$ |
|------|--------------------|-------------------------|-------------------------|----------------------|
| 外汇期货推出前 | $5.40e-07$ | 0.1595126 | 0.8292628 | 0.9887754 |
| P 值 | 0.000 | 0.000 | 0.000 | 0.000 |
| 外汇期货推出后 | $3.08e-06$ | 0.1259465 | 0.7386511 | 0.8645976 |
| P 值 | 0.000 | 0.000 | 0.000 | 0.000 |

附表3列出了广义自回归条件异方差（1，1）模型的系数 $\alpha_1$ 和 $\beta_1$，两者在1%的水平上均具有统计显著性，表明 $y_t$ 波动性同时受当前信息和过去信息的影响。我们发现，期货市场建立后，当前信息和过去信息对汇率波动的影响均有所减弱。我们还使用 GARCH 方程的无条件方差分析了印度货币市场的波动水平，该方差为 $\alpha_0$ 与1减去 $\alpha_1$ 及 $\beta_1$ 之和所得出差值的比率，具体表达式如下：

$$Var\varepsilon_t = \frac{\alpha_0}{1 - (\alpha_1 + \beta_1)}$$

GARCH 方程的无条件方差从前期的0.00004810862 降至后

期的 0. 00002274701。上述结果表明，外汇即期市场的波动性
在外汇期货市场建立后有所减弱。关于外汇期货市场可能导致
汇率波动增大的观点在印度的案例中没有得到支持。

（二）俄罗斯

附表 4 和附表 5 列出了俄罗斯的描述性统计和 ADF 检验结
果，结果显示所有序列均具有稳定性。根据拉格朗日乘数检验
结果，汇率收益率也存在自回归条件异方差效应。

**附表 4　　　美元—俄罗斯卢布的描述性统计量**

| 变量 | 观察数 | 均值 | 标准差 | 最小值 | 最大值 |
|------|--------|------|--------|--------|--------|
| 前期 | 522 | 0. 0000331 | 0. 0019555 | − 0. 006682 | 0. 006992 |
| 后期 | 521 | 0. 0002986 | 0. 0021288 | − 0. 0073153 | 0. 0098162 |

**附表 5　　　美元—俄罗斯卢布的 ADF 检验统计值**

| 项目 | 检验统计量 | 1% 临界值 | 5% 临界值 | 10% 临界值 | 观察数 | P 值 |
|------|-----------|-----------|-----------|------------|--------|------|
| 前期 | − 21. 517 | − 3. 430 | − 2. 860 | − 2. 570 | 520 | 0. 0000 |
| 后期 | − 22. 323 | − 3. 430 | − 2. 860 | − 2. 570 | 520 | 0. 0000 |

附表 6 列出了 GARCH（1，1）模型的系数 $\alpha_1$ 和 $\beta_1$，两者
在 1% 的水平上均具有统计显著性，表明 $y_t$ 的波动性同时受近
期信息和过去信息的影响。然而，与印度的情况不同，我们发
现外汇期货市场建立后，ARCH 的系数减小，而 GARCH 系数

增大。$\alpha_1$ 及 $\beta_1$ 之和基本保持不变。我们随后计算了无条件方差。结果表明，随着外汇期货市场的引入，无条件方差从 0.00000546285 降到 0.0000048643。以上结果表明，外汇期货市场建立后，外汇即期市场的整体波动性即使有变化也是呈下降趋势。俄罗斯的例子再次表明，针对外汇期货市场建立后可能引发汇率大幅波动的风险不足为惧。

附表6　　　俄罗斯的 GARCH（1，1）分析结果

| 项目 | 截距（$\alpha_0$） | ARCH 效应（$\alpha_1$） | GARCH 效应（$\beta_1$） | $\alpha_1 + \beta_1$ |
|---|---|---|---|---|
| 外汇期货推出前 | 8.60e−08 | 0.1023693 | 0.881888 | 0.9842581 |
| P 值 | 0.000 | 0.000 | 0.000 | 0.000 |
| 外汇期货推出后 | 4.71e−08 | 0.0329523 | 0.9573649 | 0.9968879 |
| P 值 | 0.281 | 0.017 | 0.000 | 0.000 |

（三）南非

同样，如附表7和附表8所示，南非的汇率收益率时间序列也表现出平稳性。

附表7　　　美元—南非兰特的描述性统计量

| 变量 | 观察数 | 均值 | 标准差 | 最小值 | 最大值 |
|---|---|---|---|---|---|
| 前期 | 521 | −0.0001554 | 0.0096418 | −0.032557 | 0.0277545 |
| 后期 | 523 | −0.0001437 | 0.0163603 | −0.154965 | 0.0662992 |

附表8            美元—南非兰特的 ADF 检验统计值

| 项目 | 检验统计量 | 1%临界值 | 5%临界值 | 10%临界值 | 观察数 | P 值 |
|------|-----------|----------|----------|-----------|--------|------|
| 前期 | − 23.344 | − 3.430 | − 2.860 | − 2.570 | 520 | 0.0000 |
| 后期 | − 23.688 | − 3.430 | − 2.860 | − 2.570 | 520 | 0.0000 |

附表9列出了GARCH（1，1）模型的系数 $\alpha_1$ 和 $\beta_1$，两者在 1% 的水平上均具有统计显著性。ARCH 系数和 GARCH 系数的变化方向相反。ARCH 系数增大，GARCH 系数减小，表明新信息带来的波动增大，过去持续存在信息带来的波动性减小。总体而言，收益率的无条件方差有所增加。鉴于南非外汇期货交易量从 2008 年 1 月开始稳定上涨，而那时国际金融危机正在蔓延，所以后期汇率收益波动加剧不足为奇。这也与我们研究的结果一致，即整体波动性加剧来自新信息。

附表9 对南非的广义自回归条件异方差（1，1）分析

| 项目 | 截距（$\alpha_0$） | ARCH 效应（$\alpha_1$） | GARCH 效应（$\beta_1$） | $\alpha_1 + \beta_1$ |
|------|------|------|------|------|
| 外汇期货推出前 | 4.01e − 06 | 0.0322642 | 0.9247918 | 0.957056 |
| P 值 | 0.250 | 0.098 | 0.000 | 0.098 |
| 外汇期货推出后 | 5.00e − 06 | 0.1492664 | 0.8454004 | 0.9946668 |
| P 值 | 0.164 | 0.000 | 0.000 | 0.000 |

## 二、稳健性检验

为控制 2006—2009 年金融危机的影响，我们增加了一个独立的虚拟变量——金融危机。为确定金融危机的期间，我们使用 Libor – OIS 息差来衡量金融危机的严重程度。2008 年 9 月以来，伦敦同业市场拆放利率的隔夜指数掉期息差大幅上升，我们将 Libor – OIS 息差在 200 个基点以上的区间（2008 年 9—12 月）定义为危机时期，并引入危机的虚拟变量（危机期间为 1，其他时间为 0）。因此，GARCH 方程修改如下：

$$\sigma_t^2 = \alpha_0 + \alpha_1\, \varepsilon_{t-1}^2 + \beta\, \sigma_{t-1}^2 + \delta DF$$

控制危机变量后的实证结果如附表 10 所示。对比附表 9 可知，自回归条件异方差系数与广义自回归条件异方差系数变化方向相反。自回归条件异方差系数增大，广义自回归条件异方差系数减小，说明来自新信息的波动性增大，来自过去持续存在信息的波动性减小。总体而言，收益率的无条件方差有所减小。这印证了我们的假设，即国际金融危机是导致整体波动性上升的主要原因。剔除这一效应之后，外汇期货市场实际上减小而非增大了整体波动性。

附表 10    剔除金融危机影响情况下对南非的
GARCH（1，1）分析

| 项目 | 截距 $(\alpha_0)$ | ARCH 效应 $(\alpha_1)$ | GARCH 效应 $(\beta_1)$ | $\alpha_1 + \beta_1$ | $\delta$ |
|---|---|---|---|---|---|
| 推出前 | 4.01e－06 | 0.0322642 | 0.9247918 | 0.957056 | |
| P 值 | 0.250 | 0.098 | 0.000 | 0.098 | |
| 推出后 | 0.000275 | 0.0720019 | 0.8662979 | 0.9382998 | 1.876881 |
| P 值 | 0.637 | 0.036 | 0.000 | 0.000 | 0.000 |

由于印度的样本期（2006 年 1 月至 2009 年 12 月）也包含 2008 年 9—12 月的金融危机区间，我们也对印度使用了金融危机虚拟变量。在印度的方差方程中引入金融危机虚拟变量后，对印度的结论仍然成立，即期货市场的引入降低了现货市场的整体波动性，回归结果如附表 11 所示。

附表 11    剔除金融危机影响情况下对印度的
GARCH（1，1）分析

| 项目 | 截距 $(\alpha_0)$ | ARCH 效应 $(\alpha_1)$ | GARCH 效应 $(\beta_1)$ | $\alpha_1 + \beta_1$ | $\delta$ |
|---|---|---|---|---|---|
| 推出前 | －14.02913 | 0.1438344 | 0.8035084 | 0.9473428 | 2.168283 |
| P 值 | 0.000 | 0.000 | 0.000 | 0.000 | 0.000 |
| 推出后 | 3.08e－06 | 0.1259465 | 0.7386511 | 0.8645976 | |
| P 值 | 0.000 | 0.000 | 0.000 | 0.000 | |

# 附录二　国际外汇衍生品市场概览

## 一、美国及日本外汇衍生品市场

布雷顿森林体系的终结为美国外汇期货市场的早期发展创造了条件。固定汇率体系解体后，汇率波动催生了外汇风险的对冲需求。弗里德曼在 1971 年发表的短文中总结了美国建立在岸外汇期货市场的重要性：促进对外贸易和投资，加强美国金融行业发展，降低美国跨境资本流动的波动性，以及辅助美联储货币政策的有效实施。

美元期货产品主导了全球外汇期货市场。在 20 世纪 80 年代的大部分时间里，美国外汇期货交易保持了相对稳定的增长。由于欧元的推出取代了许多传统欧洲货币及其相关衍生品的使用，1999—2004 年间美国的外汇期货交易出现一定萎缩。2008 年国际金融危机以后，风险厌恶情绪加剧及风险对冲需求增加导致外汇期货交易重现增长势头，随后经历了一段高速增长期。经过几十年的发展，如今的美元外汇期货占据了全球外汇期货市场的主导地位。

百万份

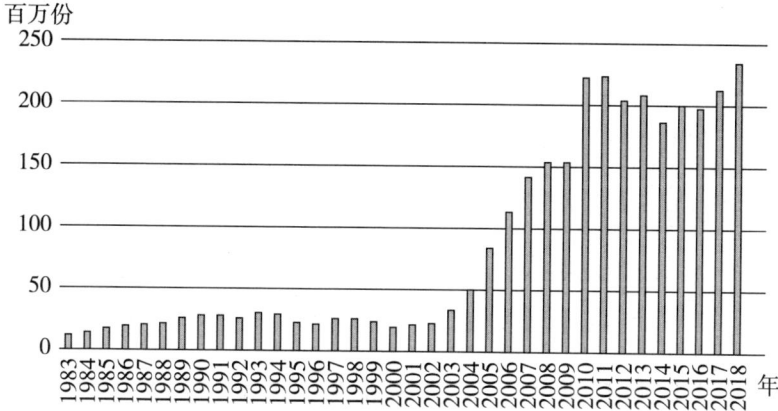

**附图 1　美国外汇期货每日交易量（合约数量）**

［资料来源：Futures and Options（FOW）］

尽管与庞大的美元外汇市场相比，美元外汇期货市场规模看似有限，但其在价格发现、流动性供给等方面发挥了不可忽视的作用。外汇市场由三大部分组成：现货市场、场外（OTC）市场和场内市场（通指外汇期货市场）。截至2016 年，美国场外外汇衍生品的日均交易量达到了 1.27 万亿美元，远大于场内市场 1170 亿美元的日均交易量。场外市场的庞大规模得益于私人部门对差异化、定制化产品的需求。尽管场外市场规模庞大，但市场呈碎片化，主要由大量分散的双边交易组成，不利于价格发现。此外，双边交易高度依赖完善的信用体系，因此在信用体系发展程度不高的国家，场外市场容易限制中小企业及个人的参与。外汇期货市场作为单一最大的集中交易平台，具有高标准化、准入门槛低、高流动性、交易时间长、透明度高且监管完善等优势，被视为场外市场的重要补充。在美国，外汇期货市场和场外市场分别在短期标准化产品与远期制定化产品上具备差异化优势，展现了强大的互补性。此外，作为单一最大集中交易平台，外汇期货市场为场外市场提供了重要的价格参考及流动性补充功能。

美国外汇衍生品市场的成功与其交易所竞争力强不无相关。芝加哥期货交易所的成功很大程度上得益于它对时机的把握，在正确的时间点推出了符合市场需求的产品。芝加哥期货交易所不断演变的发展策略（例如24/7全球电子交易平台的引入以及危机后的全球范围扩张）表明，适应性也起到关键作用。最后，持续的创新能力使芝加哥期货交易所相对于其他交易平台更具整体竞争优势。

日本方面，官方外汇期货交易直到1989年才推出。1989年，日本当局根据日本《金融期货交易法》建立了东京国际金融期货交易所。然而，日本/美元的期货产品交易滞缓，且波动不定，部分原因来自合同条款的频繁变动和交易机制的缺陷。2005年，外汇期货产品终止了交易，取而代之的是

"click365" 电子平台。该平台支持交易所挂牌的外汇保证金交易①。平台成功吸引了日本个人投资者的兴趣，推动了外汇保证金交易量的快速增长。

场外市场构成了日本外汇市场的主体。过去二十年，日本场外外汇衍生品市场日交易量从 1995 年的 1680 亿美元增加至 2016 年的近 4000 亿美元。外汇掉期和远期产品是场外市场的主要对冲工具。

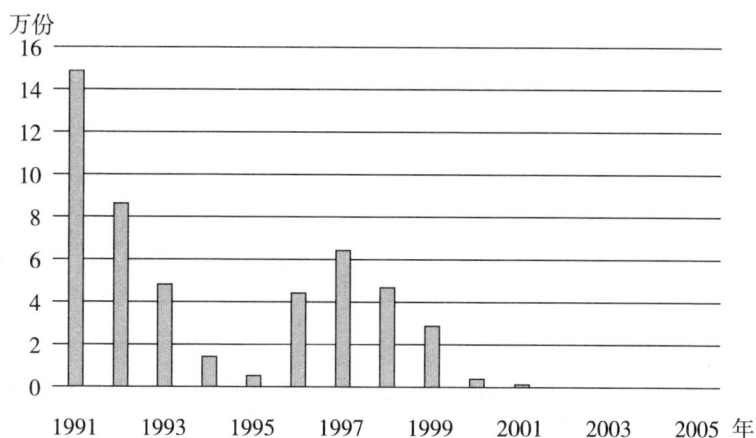

**附图 2　日本外汇期货每日交易量（合约数量）**

（资料来源：国际清算银行、FOW 和日本银行）

---

①　保证金交易是指交易者在外汇公司存入一部分保证金并可以选择随意推迟结算的外汇交易。

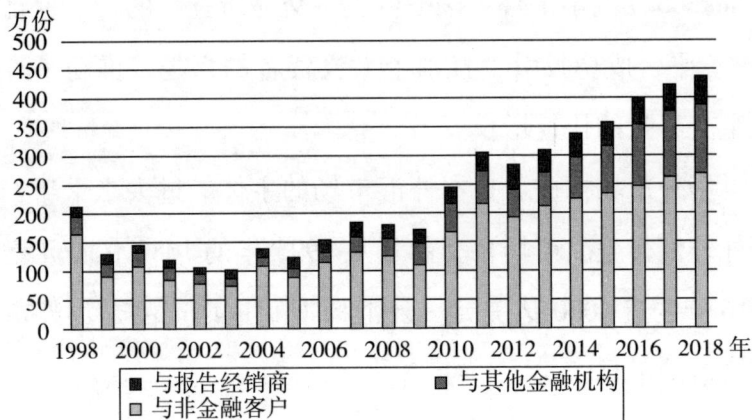

**附图3　日本外汇远期和掉期合约存量（按交易对手方）**

（资料来源：国际清算银行、FOW 和日本银行）

## 二、巴西外汇政策和衍生品市场

20 世纪 90 年代通胀率的下降以及汇率稳定导致巴西外部借款上升，催生了外汇风险管理需求。1994 年，巴西在"雷亚尔计划"中引入了巴西雷亚尔作为新的官方货币，并成功将通货膨胀率降至两位数区间。1994 年和 1995 年巴西外汇衍生品交易出现激增，部分驱动因素来自对冲需求的上升以及浮动区间制度的不确定性。从 1995 年起，浮动区间开始企稳，汇率步入稳步贬值趋势。汇率的稳定以及国内较高的实际利率促使私人部门转向成本更低的外部借款，外债占国民总收入的比重从 1995 年的 21.2% 迅速积累至 1999 年的 43.1%。①外债敞口的激增为外汇对冲工具的使用提供了重要推动力。外汇期货日交易量从 1993 年的 4.6 亿美元上升到 1999 年的 23 亿美元。

浮动汇率政策为巴西外汇衍生品市场创造了长期增长动力。1998 年俄罗斯债务危机后，巴西被视为另一个尤为脆弱的新兴经济体，主要原因在于巴西高估的汇率、大额经常账户逆差以及恶化的财政状况。1999 年，由于巴西货币持续承压，雷亚尔转向浮动汇率安排。浮动汇率的实施促使外汇期货交易出现持续增长的势头。1999—2008 年间，外汇期货交易量增长了约十倍，2008 年后保持在了相对平稳的水平。

巴西外汇衍生品市场具有四大特征：一是外汇期货占据外汇衍生品市场的主导地位。外汇期货市场占据主导地位是巴西外汇衍生品市场的一大特征。在多数国家，现货市场和场外市场占外汇市场的比重较大，外汇期货市场的占比相对较低。巴西的情况则恰好相反——外汇期货市场在外汇市场中占据主导地位，主要原因是监管等因素。巴西的税收和监管框架对场外市场和现货市场实行了较高限制，一定程度上促使外汇期货市场占据主导地位。对收入和现金流（而非所得和增加值）征税

———————

① 世界银行发展指标（WDI）。

使市场对交易所交易的外汇期货更具偏好。在交易所交易中，相同合约的购买和出售可以轧差，降低了实际的现金流量。此外，巴西外汇期货和期权采用无本金交割合约并以本国货币结算，因此面临的外汇管制压力不大。

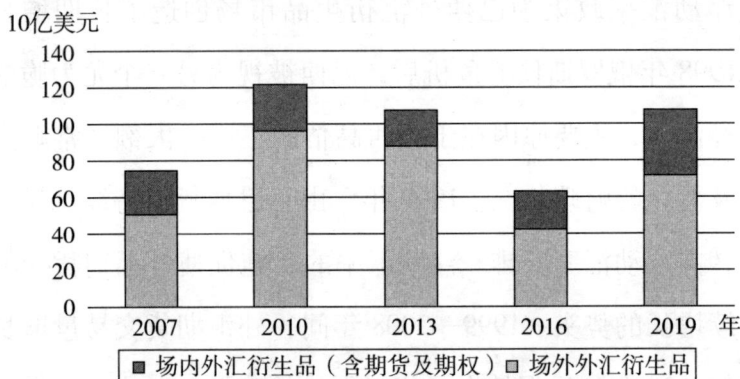

**附图 4　巴西雷亚尔外汇衍生品市场交易量**

（资料来源：国际清算银行）

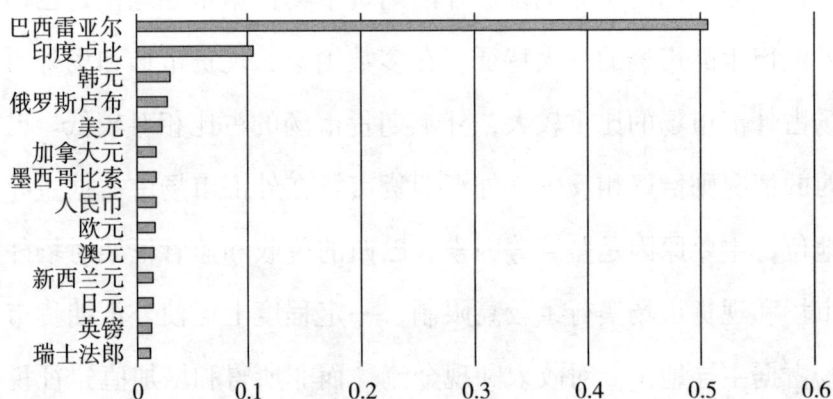

**附图 5　2019 年巴西场内与场外外汇衍生品日交易量比**

（资料来源：国际清算银行）

二是巴西期货市场的价格发现功能突出。由于外汇期货市场的主导地位，巴西的外汇期货市场在价格发现上发挥尤为重要的作用。根据 Garcia、Medeiros 和 Santos（2014），期货市场主导了外汇市场的价格发现：外汇期货对大多数基础价格冲击作出反应，而且在收到冲击信息后调整的速度较现货市场更快。

三是大多数外汇衍生品交易采用中央清算或报告。中央清算和报告要求在巴西外汇衍生品市场中得到了有效的推广和执行。在巴西，外汇期货合约需通过巴西期货交易所中央对手方清算，且所有场外衍生品市场交易需要向两个注册机构之一报告——巴西期货交易所及巴西证券托管和结算所。中央清算和报告要求降低了对手方风险的累积，同时使当局能够充分监督市场活动，提高了市场透明度和系统性风险的管理能力。

四是通过衍生品市场实施的外汇干预日益普遍。近年来，巴西中央银行增加了在衍生品市场的干预力度。自 1999 年实施浮动汇率以来，巴西中央银行在外汇市场波动剧烈的情况下频繁选择与交易商银行开展国内无本金交割外汇掉期拍卖。无本金交割的外汇掉期交易本质上是以本币结算的远期合约。该工具允许中央银行在市场上卖空美元，为市场提供外汇对冲。由于是本币结算，监管当局可避免直接动用外汇储备，减少外汇储备枯竭的风险。然而，当中央银行持有的头寸出现损失时，这种干预工具存在提高公共债务水平的风险。2013—2015年间，巴西中央银行在衍生品市场开展了若干大规模的干预行动，旨在缓解美联储"削减恐慌"造成的波动性，前后向市场出售了约1150亿美元的掉期合约。在干预的高峰期，巴西中央银行出售的掉期产品占未履行掉期合约的近一半，成为市场的主要对手方。

巴西的公司主要使用外汇衍生品来对冲外汇风险。通过对巴西非金融企业的样本研究，Junior（2007）发现，公司使用外汇衍生品的决定可能受到外汇敞口、对冲成本、汇率制度以及陷入财务困境概率等因素的影响。研究发现，现金流高、外债敞口大的公司更倾向于使用外汇衍生产品。同时，大型公司也更倾向于使用外汇衍生品，表明了对冲的成本的重要性。最后，汇率制度也起到一定作用。1999年实行浮动汇率制度后对冲活动的激增便说明了汇率制度的重要性。然而，并非所有使用外汇衍生品的公司都出于对冲目的。Oliveira（2004）和Junior（2011）都指出，有相当一部分公司在外汇波动性加剧时从事投机活动。

外汇风险管理有助于缓解宏观金融风险。在过去的几次经济动荡中，巴西的外汇衍生品市场都在缓解宏观金融稳定风险上发挥了重要作用，其中包括亚洲金融危机（1997）、俄罗斯债务危机（1998）、放弃爬行钉住汇率制（1999）、阿根廷债务危机（2002）、国际金融危机（2007）以及巴西财政和政治危机（2015）。私人部门可通过一系列广泛的对冲工具来应对外部风险。在波动极端剧烈时期，巴西当局将作为最后的对冲人介入市场并提供流动性，其本质是将外币错配风险从私人部门转移至公共部门。

## 三、印度的外汇衍生品市场

场外外汇衍生品市场随着金融开放快速扩张。早在1995年，印度场外外汇市场的交易量可以忽略不计，但此后至2016年，日均交易量逐步增加至340亿美元。

场外市场由外汇远期和掉期产品主导。外汇远期和掉期产品是交易最为活跃的工具，占整个场外外汇衍生品市场的比重超过50%。

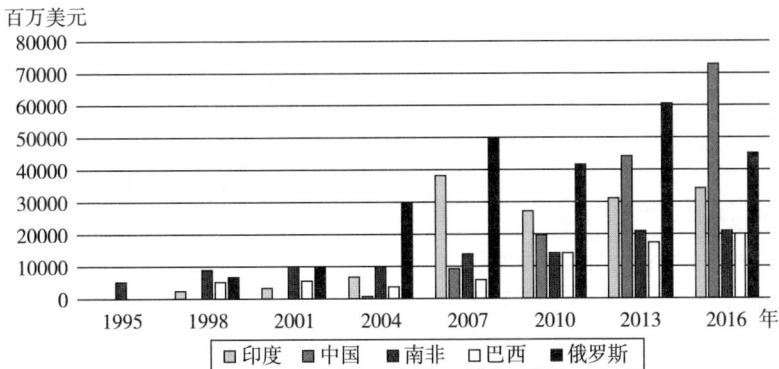

**附图6　金砖国家外汇市场日交易量**

（资料来源：国际清算银行）

　　首个卢比兑美元的期货产品于 2007 年在迪拜黄金和大宗商品交易所推出。同年，印度中央银行召集了一个特别研究小组，负责研究外汇期货市场的国际经验，并提出了适合印度的在岸外汇期货市场框架。2008 年 4 月，印度中央银行与印度证

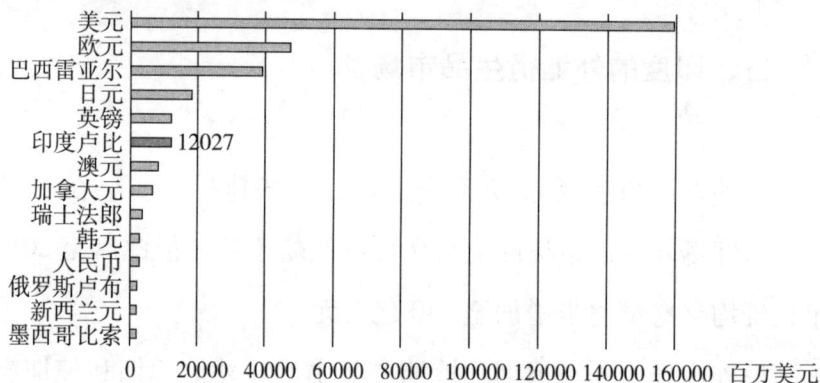

**附图 7　2018 年印度交易所交易的外汇期货和期权（日交易量）**

（资料来源：国际清算银行、FOW）

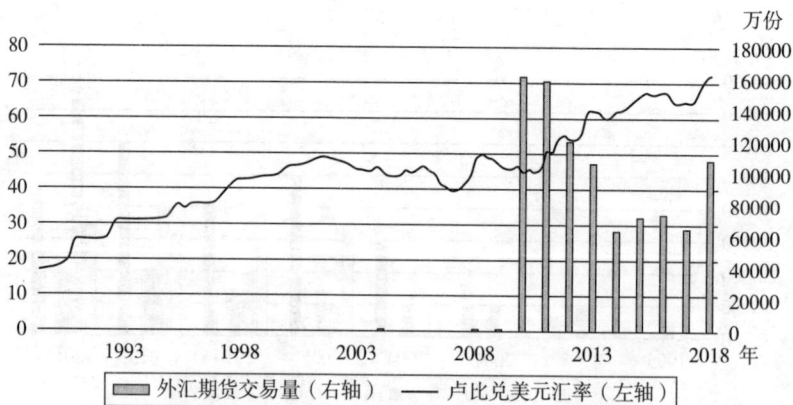

**附图 8　印度外汇期货交易量（合约数量）**

（资料来源：国际清算银行、FOW）

券交易委员会联合批准了在印度国家股票交易所开展外汇期货交易。外汇期货的首秀令人印象深刻,上市后呈现强劲的增长势头。到2018年,卢比外汇期货和期权日均交易量达12亿美元,成为全球流动性最强的场内交易货币之一。

印度卢比衍生品可通过离岸或在岸市场进行交易。在岸交易所有三家:印度国家证券交易所、孟买证券交易所和印度大都会证券交易所。日交易量数据可以在每个交易所的官方网站获取。支持卢比期货产品的离岸交易所包括芝加哥商品交易所、迪拜黄金和大宗商品交易所以及新加坡交易所,其中迪拜黄金和大宗商品交易所占交易活动的比重最大。

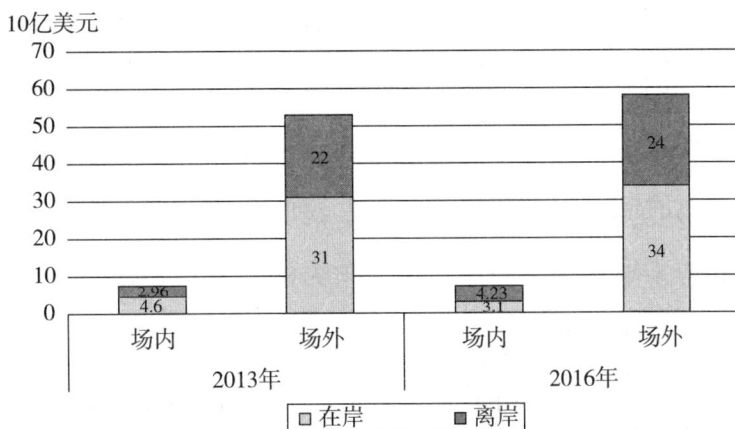

**附图9　在岸与离岸卢比衍生品(日均交易量)**

(资料来源:国际清算银行、印度国家证券交易所、
印度大都会证券交易所和工作人员计算)

185

　　离岸卢比交易占比大。结合国际清算银行数据库和印度交易所的数据，我们测算了 2013 年和 2016 年在岸和离岸的交易量。①离岸期货交易的比重小幅扩大，从 2013 年的 40% 增长至 2016 年的 43%。同时，离岸场外交易的比重相对稳定，保持在 41% 左右。尽管估算可能因数据来源和估计方法而存在偏差，但总的来看，卢比衍生品的离岸交易占比非常大。

　　资本管制等因素催生了大规模的离岸市场。虽然自 2014 年以来，外国注册投资者已获得在岸衍生品市场的准入，但仍受相关实需原则的限制。此外，外国投资者受限于少数几家托管行，限制了其市场选择。

　　离岸交易所的强大竞争力也在吸引投资者转向离岸市场。离岸市场的竞争力可通过不同形式呈现，包括更宽松的头寸限额、更快速的注册程序、更简洁的"了解你的客户"文件、更长的交易时间，以及更好的法律、税收环境。近年来，印度当局也相应采取了提高在岸市场竞争力的措施，如提高头寸限额以及延长交易时间等。

　　政策不确定性可导致监管风险，不利于吸引风险偏好较低

---

　　①　在岸交易所交易量的估算方法是，印度国家证券交易所、印度大都会证券交易所和孟买证券交易所交易的美元—卢比合约的日均交易量相加。离岸交易所交易的估计方法是，国际清算银行的交易所交易（卢比）产品的交易量数据减去在岸交易所的交易量。

的市场参与者。2013 年美联储的"削减恐慌"和卢比贬值促使印度中央银行收紧了资本管制,包括禁止银行在外汇期货交易市场开展自营交易[①],导致国内交易骤减。

## 四、俄罗斯:面对不利的外部环境坚定实行浮动汇率和资本账户可兑换

2014—2016 年,因油价下跌、经济制裁、全球流动性收紧和国内结构性问题持续存在等原因,俄罗斯经济增速突然下滑。俄罗斯的实际经济增长率从 2010 年的 4% 放缓至 2014 年的 0.7%,更于 2015 年变为负增长(-2.5%)。经济下滑伴随着跨境贸易萎缩:进口额、出口额在 2014—2016 年间分别减少了 37% 和 0.7%。

2014 年油价的急剧下跌打击了高度依赖石油的俄罗斯经济。危机前(2012 年和 2013 年),石油和矿物燃料占俄罗斯出口的比重超过 70%,为俄罗斯贡献了巨额的贸易顺差。然而,2014—2016 年间油价从每桶超过 100 美元急剧下跌至约 30 美元,导致俄罗斯贸易出现严重萎缩。

地缘政治局势紧张和经济制裁加剧了经济衰退。继俄罗斯

---

① 该禁令于 2014 年 6 月 20 日解除。

在克里米亚的行动后，很多国家对俄罗斯个人和企业实施了制裁。紧张局势加剧了投资风险，显著提升了外部借款的成本。

在全球流动性收紧、卢布贬值和国内通货膨胀的背景下，资本加速外流。2014 年，因国际收支风险，卢布汇率严重承压。卢布贬值及进口管制导致国内通货膨胀率飙升。2014 年下半年，俄罗斯中央银行将政策利率从 5.5% 提高至 17%，以稳定贬值和通货膨胀预期，但并未有效抑制资本外流。净资本外流在 2014 年达到了 1540 亿美元，为 2008 年以来的峰值。

尽管外部环境动荡，俄罗斯中央银行坚定实行灵活汇率制度。2014 年 11 月，俄罗斯中央银行废除了双货币软钉住安排及自动干预机制，浮动汇率制度因此被正式采纳。然而，俄罗斯中央银行保留了外汇市场的干预权，旨在市场剧烈波动时缓解金融稳定风险。

浮动汇率在俄罗斯经济复苏中发挥了重要作用。2014 年引入自由浮动汇率制度后，俄罗斯中央银行通过限制自身在外汇市场的参与，加强了对利率和货币供应的控制，对于抑制通货膨胀压力发挥了重要作用。俄罗斯中央银行因此成功地把通货膨胀率从 2015 年的 15% 降至 2016 年后的 6% 以下。考虑到俄罗斯当时面临的不利环境——石油保持在每桶约 50 美元的低价，且经济制裁持续至 2016 年——抑制通货膨胀的成功引人注目。

　　灵活汇率能充当经常账户的稳定器。2015 年和 2016 年上半年，实际有效汇率分别贬值了 16% 和 8.6%，引发进口下行调整，同时提高了出口竞争力。2014—2016 年，进口减少约 38%，而出口相对保持不变，在危机期间贡献了经常账户顺差。①

---

① 俄罗斯在危机中还实行了其他相关措施，包括进口管制等。

# 后　记

在本书即将付梓之际，我们既感到由衷的欣喜，又感到忐忑不安。我们作为中国经济与货币政策的工作者和研究人员，既是重大变革的幸运见证者，又肩负着时代赋予的责任和使命。有关各方对汇率政策和人民币国际化始终存在不同声音，我们也从未停止对此进行思考和探索，在研究的过程中经历了反反复复的困惑与顿悟，也享受着学习和思考带来的巨大乐趣。作为研究者，我们力求客观、真实、中肯地呈现我们的研究成果。在选择研究方法时，有两条路可走，一条是以给定政策为前提，另一条是将政策本身作为研究对象。我们以建设性的态度选择了后者，我们认为这种研究对于决策者和实践者更有价值。

本书的研究实际上是基于我们在过去四分之一世纪对汇率问题的持续观察、研究和思考。它也得益于过去数年我们在国际货币基金组织参与的重要讨论，包括有关多边和双边汇率监督政策以及有关资本流动的机构观点的讨论；得益于对近年来一些重要国家案例的研究，特别是对于美国、日本、印度、俄罗斯、巴西、阿根廷、埃及和巴基斯坦等国在汇率制度、资本账户管理和外汇衍生品市场方面的经验和教训的研究。对于一些涉及外汇衍生品市场的专业性问题，我们专门安排了与国际货币基金组织货币与资本市场部、芝加哥外汇期货市场和伦敦外汇市场专家的讨论，并对香港特别行政区外汇市场和中国内地外汇市场有关专家进行了走访和调研。

本书是中国金融四十人论坛（CF40）课题研究成果。本书的初步结论早在 2019 年 8 月就听取了有关专家学者和金融管理部门有关人员的意见和反馈，此后又在修改和扩展过程中进一步听取有关专家领导的反馈和提问，在提交中国金融四十人论坛评审前，还特别征求了 20 世纪 90 年代初以来参与过汇率政策制定的几位资深专家领导的意见。他们的意见给了我们极大的鼓励，也使我们更加深切地认识到进一步推进人民币汇率市场化改革和金融市场开放的挑战性和重要性。本课题报告于 2020 年 8 月在中国金融四十人论坛进行中期评审，并于 2020 年 11 月顺利结题。

在此，我们感谢几位曾经或正在中国人民银行和财政部工作的资深匿名专家领导的宽容、鼓励和批评意见；感谢中国金融四十人论坛提供的支持和良好的讨论交流平台，感谢中国金融四十人论坛王海明秘书长的支持和理解；感谢北京大学厉以宁老师、清华大学五道口金融学院张晓慧女士在百忙之中为本书作序；感谢中国社会科学院余永定老师、国家外汇管理局王春英女士、北京大学国家发展研究院黄益平老师、哥伦比亚大学商学院魏尚进老师、安信证券高善文先生对本书出版提出的宝贵建议或鼓励与支持；感谢多位同事如孙国峰、朱隽、郭凯、施琍娅等给予的点评；感谢国际货币基金组织经济学家周建平女士、Eckhold Kelly、Qureshi Asad、Saborowski Christian 先生、芝加哥商品期货交易所 Derek Sammann 先生、中国金融期货交易所张晓刚先生、交通银行肖霆先生、中国银行侯菲女士、张震先生等专家的宝贵意见和建议；感谢国际货币基金组织经济学家谢沛初先生在课题前期的分析工作以及在具体实证分析方法论上的建议；感谢中欧国际交易所朱钧钧先生提供的宝贵资料和建议。在向以上专家致谢时，我们不特别强调他们的职务和头衔，为的是凸显本书的研究性质。

我们认真研究和分析了各方意见，最大限度地加以吸收，同时也注意保持自身观点的独立性。原报告第四章还有第三和第四两小节，分别讨论新冠肺炎疫情下的人民币国际化及其对汇率的影响，属于假设性探讨或涉及操作性技术问题，未纳入本书。

此外，感谢何心怡、Alena Zhang、陈新禹、伍立杨在资料整理和数据收集方面的助研工作。感谢中国金融四十人论坛秘书处金石为、编辑部苏向辉和中国金融出版社张铁主任在成书过程中提供的悉心帮助。

还有最重要的，我们想特别表达对家人最深的感恩与思念。长期以来，我们把大量业余时间花在工作与研究方面，牺牲了太多与他们相聚的美好时光，也有人承受了新冠肺炎疫情背景下与至亲的永别及巨大的痛苦。我们只有更加努力地工作、更好地生活，才能告慰和报答亲人与家庭。

本书完稿之际，新冠病毒仍肆虐全球，病毒为人类带来苦难的同时，也深刻改变着国际格局，孕育着新的机会。人民币从市场化走向国际化，或许道阻且长，但却是正确的方向。坚定作出正确的战略选择，抗击疫情或将成为人民币国际化的新起点，谱写中国与世界互利共赢的新篇章。

面临复杂而宏大的时代课题，书中观点难免一孔之见，对于其中可能存在的任何偏颇、疏漏乃至谬误，作者承担全部责任。作为抛砖引玉的努力，我们也欢迎各方批评指正，并继续研究和讨论。